我知道你在说谎

钱力德 \著

FBI教你
一分钟看透谎言

中华工商联合出版社

图书在版编目(CIP)数据

我知道你在说谎 / 钱力德著. -- 北京：中华工商
联合出版社，2019.11
  ISBN 978-7-5158-2244-0

  Ⅰ.①我… Ⅱ.①钱… Ⅲ.①谎言-心理学分析
Ⅳ.①C912.69

  中国版本图书馆CIP数据核字（2019）第 218916 号

我知道你在说谎

作　　者： 钱力德

责任编辑： 吕　莺　董　婧

封面设计： 彭明军

责任审读： 李　征

责任印制： 迈致红

营销推广： 王　静

出版发行： 中华工商联合出版社有限责任公司

印　　刷： 河北飞鸿印刷有限公司

版　　次： 2020年5月第1版

印　　次： 2020年5月第1次印刷

开　　本： 710mm×1020mm　1/16

字　　数： 100千字

印　　张： 17.75

书　　号： ISBN 978-7-5158-2244-0

定　　价： 39.80元

服务热线：010-58301130

销售热线：010-58302813

地址邮编：北京市西城区西环广场A座
　　　　　19-20层，100044

http://www.chgslcbs.cn

E-mail: cicap1202@sina.com(营销中心)

E-mail: gslzbs@sina.com(总编室)

目 录
CONTENTS

第二章

洞察秘密，从点滴开始

第三章

从谈话中"窃取"秘密

第四章

观察外相，体察真实心理

第五章

洞察生活中的玄机

第六章

"攻心"与心理博弈之道

破解
身体语言的奥秘

　　FBI 特工为什么可以对坐在审讯桌对面的被审讯者的内心"了如指掌"？难道他们真的有特异功能？真的能够通过意念控制他人么？不，他们没有什么特异功能，他们有的是"读心"之道。

　　一名优秀的 FBI 特工通常都会致力于身体语言的破解工作，他们有着"看透人心"的本事。如果你要问他是怎样练成的"侦探大师"，他一定会告诉你："身体也有语言，只要学会破解就可'看透他的心'。"

　　FBI 历史上最优秀的特工之一乔治·史密斯就是这样的"读心"专家。他一生都致力于身体语言的破解工作，通过面部表情、手势、身体移动（人体动作学）、身体距离（空间关系学）、接触（触觉学）、姿势，甚至包括服装来揭秘人的思想、内心活动。

◀ 身体语言的秘密

乔治·史密斯经常会被问及一个问题："最初是什么让你对人的身体语言产生了兴趣？"

8岁那年，史密斯来到了美国。他的原名叫纳瓦尔，从古巴来美国。

最初，史密斯完全不会讲英语，去学校学英文。在学校中，史密斯很快发现，要想和其他同学打成一片，就必须融入到同学之中，包括对同学的有些肢体行为表达的意思要明白，即对周围人的"身体语言"有所了解，这是史密斯最初接触到的身体语言。

后来，史密斯通过学习知道，人体就像一个"布告板"，通过行为，像手势、姿态、面部表情和肢体动作，可以向外界传达思想和情感。时间一天天过去了，史密斯学会了英语，同时也初步学习了关于身体语言的知识，而这种"语言"成为史密斯一辈子都不会忘记的语言，因为史密斯也一直使用它与人交流情感，甚至思想。

比如史密斯通过身体语言来了解同学们对他的"感觉"。史密斯注意到，当他第一次走进教室时，真心喜欢他的同学会挑起他们的眉毛；相反，那些不太友好的人会轻轻地斜视他，那是一种一旦察觉就永远也忘不掉的眼神。

> 当史密斯第一次走进教室时，真心喜欢史密斯的同学会挑起他们的眉毛；相反，那些不太友好的人会轻轻地斜视他，那是一种一旦察觉就永远也忘不掉的眼神。

很多年过去后，史密斯通过面部表情或眼神解决了很多美国联邦调查局的特殊犯罪人员案件。

◀ 眼睛动作的秘密

"视觉阻断"一般发生在人们感到自己受到威胁，或者碰到自己不喜欢的事物的时候。当人们希望通过避免"看到"不想见到的事物保护大脑时，或当人们出自内心地轻视他人时，人就可能会眯起眼睛、闭上眼睛或遮住眼睛，这些都属于视觉阻断行为。

> 当人们希望通过避免"看到"不想见到的事物保护大脑时，或当人们出自内心地轻视他人时，人就可能会眯起眼睛、闭上眼睛或遮住眼睛，这些都属于视觉阻断行为。

在调查波多黎各一家旅馆的纵火案时，史密斯就利用了视觉阻断行为来观察现场人员。

在那宗案件中，有许多人丧生。一名保安成为怀疑对象，因为火灾发生在他的管辖范围内。史密斯先问了他几个有关细节的问题，以确定案发时他在不在现场，譬如失火前后他在何处，还有失火前他在干什么，失火后又在干什么等。史密斯仔细观察他回答自己提问时的表情，特别观察他眼部动作。史密斯发现，当被问到起火的时候他身在何处时，他的眼睛眨动了一下，而被问到其他问题时他并没有任何异常反应。这让史密斯知道保安在失火时可能不在现场，然而这并不能说明他与纵火案无关。最终，这名保安承认，案发时自己离开岗位去见了在旅馆里工作的女朋友。那名保安虽然最后未被追究刑事责任，但是也将终身承受因渎职造成惨案的愧疚。

史密斯通过观察身体语言去发现问题的水平不断提高。这种解读身体语言的能力不仅可以改变人看待问题的视角，还能保护他人，并赋予解读他人内心活动的能力。

非语言交流通常指用非语言行为或身体语言交流，它是传递信息的一种方式，与口头语言一样，只是它是通过面部表情、手势、身体接触、身体移动、姿势、饰品服饰、珠宝、发型、文身，甚至语调、音色及个人声音的音量等来传递信息的。

FBI特工认为，身体语言往往能够反映一个人真正的思想、感觉和意图。

亚利桑那州曾经发生过一起强奸案。

> 身体语言往往能够反映一个人真正的思想、感觉和意图。

一名年轻的犯罪嫌疑人被抓来审讯，他的供词听起来似乎强奸案与他无关。他证明自己从未见过受害者，他说他曾沿一排棉花地前行，然后左转，最后径直走回家。史密斯的同事们快速记录着他的供词，而史密斯则一直在观察着他的一举一动。他发现，当这位年轻人说到"左转"和"回家"时，他的手打了个向右的手势，正好指向犯罪现场。如果不是一直在观察他，史密斯不可能抓住他的这一破绽，也就是说语言和非语言行为有了不一致，他说"左转"，却做了个"向右"的手势。这个手势，让史密斯确定这个人在说谎。接下来，史密斯几次与他展开了"较量"，最终，这个强奸犯不得不认罪。

当然，身体语言并不只是用来审讯犯人的，更多的是用于对周围人群的观察以及在各种不同的环境下解读身体语言的含义。事实上，这种能力可以帮助人提高人际交往水平，同时也会让生活变得更加丰富多彩。

也许有人会有这样的疑问：为什么在现今这样的计算机、微信、电邮、电话和视频会议充斥生活的时代，人们还是会不辞辛苦地奔向各种不同的会议和聚会呢？答案是，因为

为什么在现今这样的计算机、微信、电邮、电话和视频会议充斥生活的时代，人们还是会不辞辛苦地奔向各种不同的会议和聚会呢？答案是，因为人们需要面对面的交流、传递情感和观察身体语言。没有什么比亲自观察身体语言更直接的了，因为身体语言有着丰富的含义。

人们需要面对面的交流、传递情感和观察身体语言。没有什么比亲自观察身体语言更直接了，因为身体语言有着丰富的含义。

在一次会议上，史密斯向一组扑克牌玩家讲述了如何通过身体语言解读对手的内心世界、从而让自己成为牌桌上的赢家的内容。那些扑克玩家对史密斯介绍的观察方法很满意，但史密斯真正在乎的是，他们中有多少人能将这些方法在牌桌上运用。

两个星期后，史密斯收到了一个扑克玩家的电子邮件，他这样写道："最让我震惊的是，您讲的东西不仅对玩扑克赢有帮助，而且对我的工作也有很大的帮助。我是一名医生，从您那儿学到的解读身体语言的技能不仅帮助了我，也帮助了我的病人。现在，我较容易判断出病人的健康状态、自信度或对我的信任度。"

从这名医生的邮件中，我们可以得知，身体语言行为的普遍性及其在生活各个层面的价值有多大。

身体语言解读法则

在史密斯看来，任何一个智商正常的人都能学会解读身体语言的方法。在过去的二十几年中，史密斯曾向数千人教授过解读的方法。

开过车的人都知道，在自己第一次尝试开车的时候，越对驾驶技能关注，车就越不听使唤，当然你也很难注意到车外的情况。只有当你坐在方向盘后面找到开车的那种舒适感时，也就是你能熟练驾车时，你才可以将注意力转移到整个驾驶环境中。事实上，解读身体语言也一样，只有掌握了有效地使用交流方式的技巧，解读才会变成一种本能，这样你才能全心全意地投入到对周围世界的"破译"上。

也就是说，解读身体语言也是有技巧的。

1. 观察要仔细

这一点是对于想解密身体语言的人最基本的要求。一定要认真观察，比如，当你听别人说话时，眼睛要观察对方面部变化，耳朵不要塞着耳塞，如果我们听不全信息，我们判断就会缺失有用材料。因此，必须做一个专心致志的聆听者。

一定要认真观察，比如，当你听别人说话时，眼睛要观察对方面部变化，耳朵不要塞着耳塞，如果我们听不全信息，我们判断就会缺失有用材料。

很多人在面对身体语言行为这种无声的语言时就像被戴上了"眼罩"，根本接收不到身体语言所发出的信号。所以，仔细观察，不放过一丝一毫，对理解身体语言有着太大的重要性，这和仔细聆听对理解口头语言的重要性是一样的。

身体语言并不难发现，只是很多人总是疏于观察。大侦探福尔摩斯对他的搭档华生医生说："你看见了，但是你没有注意观察。"看见不等于观察。在现实生活中，大多数人都注意不到周围世界的细节变化，因而也就意识不到周围环境的丰富多彩。比如，一个人手脚的动作可能与他说或做的大相径庭，但是人们只注意了说，却没有发现他是怎样做的。

心理学家曾经做过这样一个实验：一个穿着大猩猩服饰的人从一群学生面前走过，几乎一半的学生注意不到他们中间的这只"大猩猩"!

日常生活中，我们总是听到这样的话："我正在与这个人争吵，没想到他竟然打了我，我之前竟然没有察觉到他会动手打我。""我以为老板对我的工作很满意，但是没想到他却把我解雇了。"

人们之所以遇到这种问题，是因为这些人从来不曾对自己周围的世界进行细致的观察，当然他们也没有掌握解读身体语言的技能。

其实解读身体语言这种技能是可以学会的，FBI的探员们也不是生来就会的，而是经过后天的学习和实践掌握的。

用心观察，是指训练自己的观察能力。如果你在观察力方面遇到了"挑战"，千万不要气馁。只要你愿意花时间和精力不断地观察你周围的世界，这个困难是可以克服的。你需要做的就是用心观察，让用心观察成为你生活中的一部分。对周围世界的敏锐观察不应该是一种被动的行为，而应该是一种自觉的、全身心投入的行为，是一种需要付出努力、精力和专注力方可练就的能力，同时，它也应该是一种需要长期训练获得的能力。观察力就像肌肉，用则发达，不用则萎缩。

当然，用心观察是指要调动你身体的所有感官，而不只是视觉感官。每次史密斯走进自己的家时都会深吸一口气，如果闻到"异常"气味，史密斯会格外留心。

有一次，史密斯旅行回家后发现家里飘着一种香烟的味道，他的鼻子已经先眼睛一步警示他：眼前的环境中可能存在危险。事后证明，一名修理工曾进来维修过管道，而他的衣服和皮肤上的烟味儿在这间屋子里飘荡了几个小时。幸运的是，修理工是一个受欢迎的"闯入者"，而不是一个窃贼。这件事说明，人必须利用自己的所有感官，才能对周围的事物有详尽的了解，如果这个都做不到，何谈"读心"？

2. 了解身体语言及普遍存在的非语言行为

史密斯认为，一个人对自己所处的环境观察得越透彻，就越能理解非语言行为的含义。例如，一起车祸之后，人们首先会表现得十分震惊，然后会茫然地走来走去，他们的手会颤抖，甚至会恍惚地走向迎面而来的车辆，在这种情况下，交警总是要求人待在自己的车里，这就是原因所在。

一起车祸之后，人们首先会表现得十分震惊，然后会茫然地走来走去，他们的手会颤抖，甚至会恍惚地走向迎面而来的车辆，在这种情况下，交警总是要求人待在自己的车里，这就是原因所在。

在事故发生后，人的整个"思考大脑"会受到边缘系统的控制，于是会出现颤抖、迷失方向、紧张和不适等现象。如同在面试中，应聘者最初会紧张一样。

有些身体语言具有普遍性，比如，人有时会紧闭双唇或紧咬上下唇，这说明他们遇到了"麻烦"或是什么地方出现了问题，这一动作被FBI特工称作"嘴唇按压"行为。

史密斯朋友的一个英国客户要与一家大型跨国公司洽谈船只交易的事，他让史密斯观察他们合同谈判的整个过程。史密斯同意了，并建议他们将合同事项一条条列明，然后一项一项说明再向前推进。这样，史密斯可以更近距离地观察对方公司的谈判人员，从而获得可能对史密斯朋友有帮助的非语言行为信息。

"我发现了需要你们注意的东西后会传纸条给你。"

史密斯说完后，便坐到便于观察对方谈判人员的地方，开始观察谈判双方在逐条审核合同内容时的一举一动。当史密斯看到对方出现那个重要的信息时，史密斯知道无须再等下去了。原来，当史密斯朋友一方念出合同中涉及的一项价值几百万美元的建筑工程的条款时，对方首席谈判代表缩紧了他的嘴唇，很明显，这一条内容不合他的胃口。

史密斯便给朋友传了一张纸条，警示他合同的这一条款有争议或有问题，应该趁大家都在的时候再仔细讨论。

果然，谈判双方就这一问题进行了反复推敲，最终结果是，双方达成了一致。

3. 解密特异的身体语言

每个人都是与众不同的，因而，每个人会有各异的非语言行为，它是一种专属于某一个体的相对比较独特的信号。

史密斯认为，想要识别这些特异信号的话，就必须了解这些人的方方面面，这些人包括自己的朋友、家人、同事或一直为你提供某些商品或服务的人。当你对某个人越了解，或是和他交往得越久，就越容易发现个体特征。多储存这些信息，会令你做出一些正确的判断。

比如说，当你发现自己十几岁的儿子在参加考试前有挠头或咬嘴唇的举动时，你应该知道他可能十分紧张或没有准备充分。这种举动是他缓解压力的特有动作，之后他还会一遍又一遍地做出这样的动作，原因很简单："过去的行为是将来的行为最好的预演。"

当你发现自己十几岁的儿子在参加考试前有挠头或咬嘴唇的举动时，你应该知道他可能十分紧张或没有准备充分。这种举动是他缓解压力的特有动作，之后他还会一遍又一遍地做出这样的动作，原因很简单："过去的行为是将来的行为最好的预演。"

个体特征每个人都有，你必须注意观察他们的常态，包括坐姿，手和脚放置的位置，面部表情，头的倾斜度，甚至包括他们放置自己物品的位置，甚至把钱包会放在哪里这样很小的动作。你需要分辨出他们的"正常表情"和"有压力下的表情"的不同之处。

有些父母带孩子去看医生时，会竭力向医生描述自己所看到的情况，他们很着急，甚至语无伦次，由于没有参照物，他们没有观察过孩子健康时的样子，所以他们的描述总是派不上用场。要知道，只有多对"正常"的状态进行观察，才能认识和区别出"不正常"时的状态。

即便你只是与某人偶然相遇，也应该细心留意他或她在最初交流时的基础行为。这是因为了解一个人的基础行为很重要，掌握了它，你便能知道对方什么时候会背离常态及这种背离的重要性和其中所蕴含的信息。

4. 尽力获得多种行为信息

有时集合在一起的行为信号就像七巧板的各个板块，你拿到的板块越多，把它们拼好的可能性才越大，信息也是一样，越多越好。

有时集合在一起的行为信号就像七巧板的各个板块，你拿到的板块越多，把它们拼好的可能性才越大，信息也是一样，越多越好。

史密斯曾见过一名同行先是一副受重压困扰的样子，紧接着又做出一连串努力保持平静的动作。史密斯说：这名同行一定正在某种难以扭转的劣势中挣扎。事实是这名同行最近家中出了些事，让他有很大的压力。

人的行为突然变化表明人正在对某种信息进行加工或调试。当一个满心欢喜奔向公园的孩子被告知公园已经关门的时候，他的身体行为会立刻发生变化；当人从电话里听到不好的事情或看到某种令人伤心的场景时，身体马上会对这种改变做出反应。

一个人行为的变化还能反映出他或她在某种环境下的兴趣和意图。这些行为能够帮助他人预测即将发生的事，所以，仔细的观察者总能从中获取额外信息。

一个人行为的变化还能反映出他或她在某种环境下的兴趣和意图。这些行为能够帮助他人预测即将发生的事，所以，仔细的观察者总能从中获取额外信息。

史密斯曾处理过一宗未遂的抢劫案。一次，史密斯在商店。他在一个地方处理完事，忽然发现有个男人站在柜台收银机旁边，那个男人的一个动作引起了史密斯的注意，因为他似乎不应站在那个位置上，他并没有排队，手中也没有购买任何商品，而是一直站在那里，两眼盯着收银机。如果他只是待在原地并保持沉默，史密斯可能就关注一会就不再关注他了。但是，那个男人的行为很快发生了变化，他的鼻孔开始扩大，表明他在深吸氧气并准备要采取行动了。史密斯几乎是在他行动前的一秒钟猜出了他的意图，就在这一秒钟，史密斯大声向收银员发出警告："小心！抢劫！"在史密斯喊叫时，发生了三件事：这名收银员刚好完成一次结账，收银机的抽屉刚好打开；站在收银机旁的这个人迅速向前一步并将手伸进抽屉里去抢钱；听到警告的收银员及时地抓住了抢劫者的胳膊并将其反拧过来。结果，钱从这个劫犯手中掉了出来，抢劫的人挣脱收银员向商店外跑。如果不是史密斯事先察觉到了抢劫信息，这名劫犯可能会得手。事实上，这名收银员是史密斯的父亲，他在迈阿密开了这家商店，那天史密斯抽空帮父亲理货。

5．学会辨别虚假的或误导性的身体语言同样很重要

要练就这种区别真线索和误导性线索的本领，需要大量的实践和经验，不仅需要用心的观察，还需要缜密的判断。

例如，目光闪烁不定被许多人认为是欺骗与谎言的信号，因为在他们看来，某人之所以会在谈话中目光飘忽不定，是因为他的内心为他的所作所为感到内疚和忧虑，他很难直视被欺骗的人，所以不得不看向别处。但事实上，这只是一部分说谎者的表现，有这种行为的人还有可能是因为自卑心理导致不敢直面他人。还有一些人在说谎时会刻意注视着被骗者，努力营造一种真诚的假象，这就是误导性的身体语言。人要想准确识别出行为的正确性，就要在平时多加观察、训练。

很多人在第一次试着寻找身体语言线索时总会盯着别人看，显然，这种方法是不值得提倡的。最理想的境界是，在别人察觉

不出来的情况下你观察着别人。也就是说，要尽量做到不引人注意。做到这一点的唯一方法就是多加练习。

身体如同心灵、大脑的"显示器"，喜怒哀乐，不仅仅只在面部表情上展现，肢体同样能表现出来，这都是自然的流露！不过刻意的人为、虚假的表现也是会时时发生的，所以，弄清真假，才能判断是否正确。

最理想的境界是，在别人察觉不出来的情况下你观察着别人。也就是说，要尽量做到不引人注意。做到这一点的唯一方法就是多加练习。

◀ "边缘"大脑与"读心技巧"

日常生活中，人们常做下列动作。比如，咬一下嘴唇、擦一下前额、抚摸一下脖子。

那么，人们为什么会做这种动作呢？是下意识的还是刻意的？

众所周知，人的大脑是人们用于认知外界和自身的器官之一。人的头颅中有三个"大脑"，每个"大脑"都有着不同的职责，它们合并起来就形成了"命令加控制中枢"，共同操纵着人们身体的一切。

1952年，一个名叫保罗·麦克林的科学先驱提出，人类大脑是由"爬虫类脑"（脑干）、"哺乳动物类脑"（边缘系统）和"人类大脑"（新皮质）组成的整体。其中，大脑的边缘系统在身体语言中扮演了重要的角色。

FBI一直致力于边缘系统的研究，这是为什么呢？因为边缘系统对外界的反应是条件反射式的，是很难加以掩饰的，因此它对来自外部环境中的信息所做出的反应也是最真实的。

> FBI一直致力于边缘系统的研究，这是为什么呢？因为边缘系统对人们的周围世界的反应是条件反射式的，是很难加以掩饰的，因此它对来自外部环境中的信息所做出的反应也是最真实的。

1999年12月，美国海关截获了一名被称作"千年轰炸者"的恐怖主义分子。入境检查时，海关人员发现这名叫阿默德的人神色紧张且汗流不止，于是勒令他接受进一步询问。那一刻，阿默德曾试图逃跑，但是很快就被抓住了。海关人员从他的车里搜出了炸药和定时装置。阿默德最终供认了他要炸毁洛杉矶机场的阴谋。

神色紧张和流汗正是人的大脑对巨大压力固有的反应方式。由于这种"边缘"行为是最真实的，海关人员才能准确地识别并逮捕阿默德。这个案例说明，一个人的心理状态会反映到身体语言上。

大脑的第三部分加入颅顶的时间较晚，因此被称作"新皮质"，也就是新大脑。这部分大脑负责高级认知和记忆，因此也被称为"思考大脑"。正是这部分大脑将人类与其他哺乳动物区分了开来，让人类创造了文明。不过，它也是大脑中"最不诚实"的部分，因此它也被称为"爱说谎的大脑"。人的这部分大脑会"行骗"，而且"经常行骗"。

就之前的案例来说，边缘系统会强迫那个恐怖分子在接受询问时神色紧张和大量出汗，但是新皮质大脑却非常擅长让人隐瞒自己的真实情绪。它可以"教唆"这名犯罪分子在接受询问时说出"我的车上没有危险品"之类的话，虽然这完全是假话。人的"新皮质"大脑会让人谎话连篇，尽管人心里对自己谎话连篇极为厌恶。它还能帮助人做出非常令人信服的陈述语言。

> 边缘系统会强迫那个恐怖分子在接受询问时神色紧张和大量出汗，但是新皮质大脑却非常擅长让人隐瞒自己的真实情绪。它可以"教唆"这名犯罪分子在接受询问时说出"我的车上没有危险品"之类的话，虽然这完全是假话。人的"新皮质"大脑会让人谎话连篇，尽管人心里对自己谎话连篇极为厌恶。它还能帮助人做出非常令人信服的陈述语言。

当人们遇到危险时，边缘系统会调整人们的行为。这种危险可能是一个史前人遇到一头异常凶猛的野兽，也可能是现代的一名公司职员遇到了一个铁石心肠的老板。在这一过程中，边缘系统还会产生一定量的身体语言。几千年来，拥有这些边缘反应能力的人类生存了下来，而这些身体语言也像电脑硬件一样植入到了人的神经系统。

在FBI特工看来，许多人都对"迎战或逃跑"这个短语十分熟悉，因为它常被用来形容人们在面对威胁或其他危险时的回应。确实，在现实生活中，动物及人类会依照"冻结、逃跑、迎战"的顺序来应对各种苦恼和威胁。

1．冻结

大约一百万年前，原始人类横跨了非洲大草原。那个时候，他们面临着很多猎食者的威胁，动物跑得比人快，力气也比人大。然而，人最终生存了下来，就是因为大脑的边缘系统存在，它们为人类远祖找出了弥补力量不足的方法。

边缘系统使用的第一种防御战略就是"冻结"反应。移动会引起注意，所以，一旦感到有威胁时立刻保持静止状态，这是边缘系统为人提供的最有效的救命方法。许多动物，尤其是大多数食肉动物对移动非常敏感，人越跑，它们追得越紧，而人的"冻结反应"让它们停止追击，这种方式十分有效。

弗吉尼亚理工大学曾发生过一起校园枪击案，这期间就有学生利用"冻结"反应来对付丧心病狂的杀手。有许多学生虽然仅与凶手相隔几米，但是他们却通过保持静止和"装死"逃过了一劫。

生活中，这种"冻结"反应也体现在一些小事上。比如一个走在街上的人突然停住，然后用手拍一下自己的脑门，接着转身跑回家去关掉炉子。

不管威胁是来自一只巨兽还是来自突然想起的事情，那一瞬间的停止足够让大脑做出快速的判断了。

当人们遇到现实威胁时，会"冻结"自己；当一个人陷入到困境时，也可"冻结"自己。"冻结"是边缘系统最出色的反映之一。

当人们遇到现实威胁时，会"冻结"自己；当一个人陷入到困境时，也可"冻结"自己。"冻结"是边缘系统最出色的反映之一。

类似的边缘反应还出现在人面试过程中。面试的人常常会屏住呼吸或只做浅呼吸，这也是一种非常古老的应对威胁的方式，面试的人可能自己注意不到，但是周围的人是很容易发现的。所以，经验丰富的面试官常常会在面试开始时提醒面试者放松，或请面试者深吸一口气。

在史密斯一次审讯中，他发现问讯对象常常把脚放在"安全"的地方，比如椅子腿后面，而且会在一段时期内保持这样的姿势。史密斯知道：这个人在某个地方有问题了。当然，这个人可能在说谎，也可能没有说谎，但史密斯能肯定的是，这个人正在承受着某种压力，试图掩饰什么。此时，史密斯会顺藤摸瓜，找出对方企图掩藏的东西。这也是"冻结"的一种方式。

另外，减少曝光率也是一种"冻结反应"。人们在商场的监控录像中发现了一个比较突出的问题：小偷们通常会弓背弯腰，尽量隐藏自己。事实上，这样的举动让他们更显眼，因为大多数人在商店里会很活跃，他们身体向上挺的动作多于向下弯的动作。而通过限制自己头部的曝光率来达到隐藏自己的目的，如竖起衣领和低下头，不仅是"冻结"反应，还被称作"海龟效应"。

2. "逃跑"

在边缘系统中，与"冻结"反应相对应的似乎就是"逃跑"反应了，当人们发现"冻结"反应不足以消除危险时，或者是当它不再属于最佳方案的时候，威胁反而更大了，边缘系统的第二套方案就是"逃跑"，也就是"逃跑"反应。显然，选择逃跑的目的就是要逃离威胁，或者，至少离危险更远一些。为了让人逃离危险，大脑会指挥人们的身体，让它采取快速移动的行为。

在现代，人们更多生活在城市中，而不是荒野中，于是，"逃跑"实施起来反而更加困难。由此，人们不得不对"逃跑"反应做出调整——躲避、回避、避开。"逃跑"的行为不再那么明显，但目的是一样的，那就是让自己避开或远离那些不安全的人或事。

想想夫妻吵架，一方不想让事件升级，会采取走出家门，暂离另一方的行为，这就是避开；孩子不喜欢桌上的食物时也会转身离开。任何人都有过想逃离自己不喜欢的人，或避开可能因威胁带来的麻烦。

在谈判中，当听到对方不合理的报价时，或在讨价还价的

在谈判中，当听到对方不合理的报价时，或在讨价还价的过程中感觉到威胁时，人们不离开房间，却很可能会将身体转向另外一边，同时出现的可能还有各种"阻断"行为，如闭眼、揉眼或用手捂住脸等。

过程中感觉到威胁时，人们不离开房间，却很可能会将身体转向另外一边，同时出现的可能还有各种"阻断"行为，如闭眼、揉眼或用手捂住脸等。还有些人在谈判时可能会将身体倾向谈判桌或某个人的另一边，同时也会将脚转向另一边，有时脚尖甚至转向门口的一边。这些古老的"逃跑"反应便是保持距离的身体语言信号，它们告诉人们，他对当前的状况不满意。

3. "战斗"

边缘系统中除了"冻结"反应、"逃跑"反应之外，还有"战斗"反应，即当人们遇到危险且"冻结"和"逃跑"反应都不奏效时，只剩一个选择了，那就是"战斗"。

人类在进化的同时，掌握了将恐惧转化成愤怒、愤怒变成攻击的本领，这种本领能有效帮助人击退进攻者。在当代，放纵愤怒不是明智之举，所以，人的大脑边缘系统又"开发"了另外几种战略，"战斗"反应逐渐演化成其他形式。

一种方式是"争论"。争论一词的本意只是辩论或讨论。从本质上来说，过激的讨论就是一场没有身体接触的"战斗"。侮辱、人身攻击、反驳、诽谤、激将法以及挖苦都是进攻的方式。还有，民事诉讼也可以被解释为一种现代化的"战斗"或"进攻"，只是其结果由社会裁定。在民事诉讼中，当事人需要就两种对立观点进行辩驳。

现代社会的人们参与肉搏即真刀真枪战斗的机会少之又少，但是，"战斗"仍是人们边缘系统中的一部分。即使是没有身体接触，使用你的姿势、你的眼神、张开你的胸肌或挑衅另一个人的私人空间等，都是"战斗"。

现代社会的人们参与肉搏即真刀真枪战斗的机会少之又少，但是，"战斗"仍是人们边缘系统中的一部分。即使是没有身体接触，使用你的姿势、你的眼神、张开你的胸肌或挑衅另一个人的私人空间等，都是"战斗"。

史密斯认为人尽量避免"战斗"反应，无论是口头上的还是身体上的，"战斗"只是处理威胁的最后一种选择。因为进攻性的战略很可能导致人情绪混乱，精力不集中，这样的话，你就不能对面临的危险做出正确的评估。当人们的情绪高涨时，人们的判断能力便会受到影响。此时此刻，人的认知能力已经被情绪"劫持"，"劫匪"就是人们大脑中的边缘系统"战斗"反应。

事实上，无论是"冻结"反应、"逃跑"反应还是"战斗"反应，这些都能用于迅速解读人内心活动，因为这些反应都能带来最为直观的表现。

大脑边缘系统的"最高指导原则"就是，要保证人生存下去。通过"编程"，它帮助人避免危险或不适，保证人的安全，并随时随地寻找获得安全感或舒适感的机会。

人的大脑边缘系统就像一台计算机，能够接收并保存来自外界的数据。边缘系统不仅对消极的经历进行编辑和记忆，例如，手指曾被火炉烫伤了，过去受到他人攻击或受到让人沮丧的批评等等，而且还可以对高兴的事情进行编辑和记忆。这些信息，让人虽然能操控自己的行为。比如说，一旦边缘系统认定一种动物为危险动物，这种印象就会被深深植入人的记忆中，当人下次再见到这种动物时，就会立刻做出反应。

当然，大脑的边缘系统同样会有效地记录并保留各种积极的事情，比如基本需求得到满足，或者是受到表扬，又或者是一段令人愉悦的交际关系等。当人见到自己的老朋友或者认出一种儿时的甜美味道时，一种快感便会油然而生。这都是大脑边缘系统在发挥作用。

> 当人见到自己的老朋友或者认出一种儿时的甜美味道时，一种快感便会油然而生。这都是大脑边缘系统在发挥作用。

◀ "安慰"行为与解读法则

1. "安慰"行为

FBI对身体语言进行过细致的研究后发现，人只要出现边缘反应，尤其是在一段令人悲痛或充满威胁的经历中，"安慰"行为就会出现。

事实上，"安慰"行为并不专属于人类，比如，猫和狗会舔自己或同类，这就是一种"安慰"。不同的是，人的"安慰"方式有很多。有些人可能会想到小孩子吸吮拇指的动

事实上，"安慰行为"并不专属于人类，比如，猫和狗会舔自己或同类，这就是一种"安慰"。不同的是，人的"安慰"方式很多。有些人可能会想到小孩子吸吮拇指的动作。其实，除了这种动作，人们还有很多其他动作，只是没有意识到，比如咀嚼口香糖和咬铅笔等。

作。其实，除了这种动作，人们还有很多其他动作，只是没有意识到，比如咀嚼口香糖和咬铅笔等。这些行为都是细微的"安慰"行为，但揭示的却是一个人思想和内心活动。

在一次侦查工作中，人们都认为佩枪的危险逃犯很可能会躲藏在他母亲家里。一名特工和史密斯来到了逃犯母亲家，史密斯敲了门，逃犯母亲请他们进去。史密斯开始询问一系列问题。

当史密斯问到"你儿子现在在家吗"，那位母亲突然把手放到了自己颈窝上，然后说："没有，他不在。"史密斯注意到了，但是却不动声色地接着问下面的问题。几分钟后，史密斯再次问道："你儿子会不会趁你外出时偷偷进入房子中？"那位母亲又一次将手放到了自己颈窝上，然后说："不，应该不会。"

这个时候，史密斯已经可以确定他儿子一定就藏在家中。史密斯继续提问，一直到离开的时候，史密斯问出了最后一个问题："那么，我可以总结记录了，你儿子确实不在这间屋子里，是吗？"这一次，那位母亲仍然想把手放在那个位置上。由此，史密斯肯定这位母亲是在说谎了，于是史密斯申请了搜查令，结果他儿子就藏在家中一堆盒子下面的密室里。那位母亲手放颈窝就是"安慰"行为的反映。

史密斯认为，"安慰"行为同样会泄露人很多秘密，比如，会告诉别人你的紧张，或者对别人所做或所说的事情产生了某种消极反应。通常情况下，当人的心理出现不适后，大脑会命令双手来进行"安慰"，或者让身体倾向一侧，或者皱眉、手臂交叉或抱紧等。"安慰"行为多种多样，FBI特工一般会寻找这些动作行为，以便确定在自己面前的这个人到底在想些什么。

有一次，史密斯问一名受审者："您知道希尔曼先生吗？"对方回答说："不知道。"受审者说话的同时，摸了一下自己的脖子，史密斯认为他正在对这个问题进行自我"安慰"。史密斯又问了他"是不是在撒谎"，他说"不是"，但又摸了一下，史密斯知道，他对这样的询问感到紧张了，以至于他接二连三进行自我"安慰"。

"安慰行为"是FBI特工关注的重点，因为它能够帮助FBI特工揭穿谎言或找出隐藏的信息。

史密斯发现，与测谎仪相比，"安慰"行为的意义更大，也更值得信任。

> 与测谎仪相比，"安慰"行为的意义更大，也更值得信任。

史密斯通过多年的侦探工作以及观察研究，总结出：当人在感到不安、不适、恐惧或忧虑时，通常会用手掩盖颈窝或抚摸脖子；而当某人举棋不定，或者感到选择困难时候，通常会摩擦前额，这些都属于"安慰"行为。

也就是说，"安慰"行为是指在人们感到有压力时通常会轻轻按摩一下颈部、摸一摸脸或玩弄一下头发。这些动作完全是自发的，是人的大脑发出了指令："请安慰一下我。"于是手就会

这些动作完全是自发的，是人的大脑发出了指令："请安慰一下我。"于是手就会立即采取行动，帮助自己放松。还有些人，手擦一下脸颊或舌头舔一下嘴唇，或者鼓起脸颊然后再轻轻地呼一口气，这些也是"安慰"反应。

立即采取行动，帮助自己放松。还有些人，手擦一下脸颊或舌头舔一下嘴唇，或者鼓起脸颊然后再轻轻地呼一口气，这些也是"安慰"反应。

如果感到压力的人是位吸烟者，他抽的烟会更多；如果一个人在嚼口香糖，这一刻就会嚼得更快。所有"安慰"行为其实都是满足大脑的要求。

"安慰"行为并不能帮助人们解决问题，但能帮助人们暂时保持冷静。一般来说，男性多喜欢触摸脸部，而女性多喜欢触摸颈部、衣服、珠宝、手臂和头发。

还有一些"安慰行为"，包括嚼口香糖、吸烟、大量进食、舔舌头、搓下巴、抚摸脸部、把玩一些物品（钢笔、铅笔、唇膏或手表等）、拉头发或抓小臂等，因人而异。有时，"安慰"动作非常细微，像轻轻弹扫衣服或校正领带的位置等，初看像是在打扮自己，实际上是在平复自己紧张的神经。

抚摸或按抚颈部是最有效且使用最频繁的"安慰"行为之一。还有人会用手指搓摸或按摩脖子后面区域，或按摩脖子两侧或下巴正下方喉结上方的部位。脖子上的这个部位有很多神经末梢，人们通过按摩这一部位，能够达到降低血压和心率的目的，从而让自己平静或冷静下来。

根据FBI特工的观察总结，男性和女性使用颈部动作"安慰"自己的方式各不相同。通常来说，男性的这类行为的力度较大，他们会用手抓或盖住下巴以下的部位，刺激那里的神经，这样做的好处是能降低心率并达到让自己冷静的效果。还有些时候，男性会用手指按抚脖子两侧或后侧，或校正领带打结处或衬衫领口的位置。

女性的"安慰"行为与男性有很大的不同。有些女性的颈部"安慰"行为表现为抚摸、扭转或把玩她们所戴的项链，当然是在她们戴项链的前提下。还有一种颈部安慰方式，那就是用手覆盖住胸骨上切处。有趣的是，怀孕的女性最初会把手移向颈部，但最后一刻，她还是会将手放在肚子上，仿佛要盖住她的胎儿似的，这也是"安慰"行为。

如果一名女性开始把玩自己的项链，说明她可能有点紧张了。然而，如果她将手指伸向了颈窝，也就是胸骨上切处，那就说明有什么事情令她焦虑不安了。大多数情况下，如果她使用右手盖住自己的颈窝，她会用左手托住手肘。当压力过后，或当不愉快的讨论暂停的时候，她的右手会放低一些，并逐渐放松下来抓住左臂。如果局面再次紧张，她的右手会再次上升至胸骨上切处。说起来，她的手臂运动有点像压力计上的指针，总是根据压力的程度变化着，从静止上升至颈部，然后再回落。

触摸或按抚脸部是人缓解压力的常用方法。主要动作包括：搓擦前额、触摸及抿或舔嘴唇、用拇指拉或捻耳垂或食指、按抚脸部或触摸胡须、把玩头发等，这些动作都能在人遇到压抑境况时起到安慰的作用。有些人会通过鼓足腮帮然后再缓缓呼气达到安慰自己的目的。人的脸部有很多神经末梢，这使它成为边缘系统进行自我安慰的理想区域。

触摸或按抚脸部是人缓解压力的常用方法。主要动作包括：搓擦前额、触摸及抿或舔嘴唇、用拇指拉或捻耳垂或食指、按抚脸部或触摸胡须、把玩头发等，这些动作都能在人遇到压抑境况时起到安慰的作用。

在"安慰"行为中，也包括吹口哨和自言自语。黎明或是黄昏时分，行走在陌生城市或废弃走廊的男人会努力吹口哨，让自己平静下来。有些人甚至会自言自语，目的就是为了缓解当时的压力。

史密斯曾说自己在一次观察的过程中，发现一个人在感到紧张或心烦意乱的时候，说个不停，甚至用铅笔敲桌子或用手指打节拍等。这些自然也是"安慰"行为。

有些时候，我们会看到某些处于压力状态下的人不停地打哈欠。事实上，打哈欠是"深呼吸"的一种方式。当人们感到口干时，打哈欠会将压力传递到唾液腺上，这个时候，嘴巴内外结构的伸张会迫使唾液腺释放出水分来，缓解焦虑造成的口干。这种情况下，打哈欠并不是因为没睡好，而是因为有压力。

"搓腿"动作也是一种经常被忽略的"安慰"行为，因为这一动作通常是在桌子下方完成的。人们会出现将一只手或双手放在一条腿或者双腿之上，然后再沿着大腿向下搓到膝盖。有些人只做一次，有些人可能会反复做这样的动作，或者反复按摩腿部。这样做的目的不是为了擦干手掌上的汗，是为了消除紧张感。这种身体语言值得人们好好观察，因为它能有效地反映出一个人是否处于压力状态下。

"搓腿"动作也是一种经常被忽略的"安慰"行为，因为这一动作通常是在桌子下方完成的。人们会出现将一只手或双手放在一条腿或者双腿之上，然后再沿着大腿向下搓到膝盖。有些人只做一次，有些人可能会反复做这样的动作，或者反复按摩腿部。这样做的目的不是为了擦干手掌上的汗，是为了消除紧张感。

在FBI特工看来，"搓腿"动作的意义十分重大，因为它对消极事件的反应非常快。史密斯在很多案例中就观察到了这一动作，特别是当嫌疑人面对无可抵赖的证据时。比如，他们面对自己再熟悉不过的犯罪现场的照片，这种"安慰"行为一般情况下可以一箭双雕，既能擦干手心上的汗，又能通过搓腿"安抚"达到自我安慰的目的。

在办案的过程中，史密斯注意到，有时问讯对象在出现手部或腿部"安慰"动作时，会随着问题难度的加深而增加频率。

一次面试交谈中，应聘者与雇主相谈甚欢。快要结束的时候，这名应聘者谈论到了电脑及互联网的重要性。雇主对他的见解表示赞赏，然后随口讲起很多毕业生在使用互联网时出现的问题，比如随意上传自己的信息或照片。就在那时，雇主看见应聘者开始用右手使劲儿搓他的一条腿，这个动作重复做了很多次。雇主并没说什么，最后，只是感谢这位年轻人来参加这次面试，然后将他送出了办公室。之后，这位雇主回到了电脑旁，因为应聘者的"安慰"行为让他产生了怀疑，他想看看这名年轻人的资料是不是真的可以在网上找到，结果他真的找到了。

2. "通气"行为

"通气"行为属于"安慰"行为的一种。通常，男性会将手指放于衣领和脖子之间，然后用手将衣物拉离自己的皮肤，这也是应对压力的一种反应方式，是反映一个人对自己想到的事情或所处的环境感到不愉快的信号。

女性进行这种行为的方式较为巧妙，可能只是抖动几下衬衫或向后撩一撩头发。

很多人在面临压力时会将手臂交叉并反复用双手摩擦肩膀，这是一种

"通气"行为属于"安慰"行为的一种。通常，男性会将手指放于衣领和脖子之间，然后用手将衣物拉离自己的皮肤，这也是应对压力的一种反应方式，是反映一个人对自己想到的事情或所处的环境感到不愉快的信号。

女性进行这种行为的方式较为巧妙，可能只是抖动几下衬衫或向后撩一撩头发。

保护性动作，它能让人回归平静。同时，也是一种自我安慰方式，通过这么做，会产生一种安全感。但是，如果你看到一个人双手交叉于胸前，身体后倾并表现出挑衅的神情，就得将这个动作与"安慰"行为加以区分了。

3. 解读"安慰"行为

透过"安慰"行为，我们可以更有效地解读他人的内心，当然，为了能从身体语言"安慰"行为中获得他人更多的心理信息，最好要遵守以下几点：

（1）在"安慰"行为发生时能及时"认出"它们。只要留意捕捉身体语言"信号"，就会发现它们，寻找也会变得越来越容易。

（2）为每个人建立一个"安慰"行为资料。如此一来，你就能注意到"安慰"行为发生的频率和幅度上的变化，进而做出相应的判断。

（3）当看到一个人做出"安慰"动作时，首先考虑一下他或她为什么会这样做，是否遇到了什么令他或她心神不宁的事情。

（4）"安慰"行为一般都发生在一个人遇到某种令人感到有压力的时候。所以，作为一条基本原则，凭借"安慰"行为的出现，你基本上可以断定某些令对方感到压力的事情已经发生了。

（5）将"安慰"行为和相应的压力源联系起来的能力会帮助你更好地理解和你交往的人的所思、所为。

（6）在某些特定环境中，通过说些什么或做些什么来判断一个人是否感到压力，进而更好地理解这个人的思想和内心活动。

（7）注意人"安慰"的部位很重要，因为压力越大，相关的部分不同，面部、腿部或颈部抚摸的动作会多。

（8）记住，压力或不适感越强，"安慰"行为的发生频率越大。

"安慰"行为是区别舒适与不适的主要标志之一。从某种角度看，"安慰"行为就是人们的边缘反应的"接应队员"，它们在很大程度上反映了人们的情绪状态和真实感受。

有些人可能会问，发现和解密身体语言就如此简单吗？答案是肯定的，但也是否定的，因为身体语言还包括很多其他内容，上述所说，只是冰山一角。

"安慰"行为是区别舒适与不适的主要标志之一。从某种角度看，"安慰"行为就是人们的边缘反应的"接应队员"，它们在很大程度上反映了人们的情绪状态和真实感受。

◀ 坐姿语言的秘密

　　FBI特工的实际工作可以分两个部分，一部分是室外的活动，主要是对目标人物实施监控或抓捕，还有一部分是室内活动。当然，FBI特工的室内活动并不是像电影中演的那样坐在办公室里看着资料喝着咖啡，而是与被抓捕人或被审讯的人一样在审讯室中度过，即对目标人物进行审讯。注意，一般情况下被审讯者都是坐在FBI特工的对面的，因而，解读坐姿对审讯来讲是十分重要的。

　　坐姿往往透露一个人的生活习惯，FBI特工往往通过目标人物的坐姿习惯探究他是一个有着怎样性格的人。FBI特工将人们的坐姿归纳为以下几种：

1. 左腿搭右腿，双手交叉放于大腿两侧

这类人大多有较强的自信心，坚信自己对某件事情的看法，就算是与别人的意见存在分歧，也不会轻易受到别人的影响。

由于他们信心强，因而总是能尽自己的最大努力去实现理想，即使遇到困难，也会想尽一切办法去解决，不轻易向困难低头。这种人的缺点是：过于自信，常会忘记周围人的感受，有得意忘形之举。

2. 右腿搭在左腿上，两小腿靠拢，双手交叉放在腿上

这类人让他人第一感觉和蔼可亲，容易与之接近，其实不然，他们往往喜欢摆架子，带一副爱搭不理的神情，有时会让对方觉得很尴尬，以至于对方不得不反思自己曾经做出的判断。这种人耐心不够，做事三心二意，往往不能全力以赴、脚踏实地去认真完成。

3. 两腿及两脚跟并拢靠在一起，双手交叉放于大腿两侧

这类人性情大多自我、固执，不愿轻易接受别人的意见，即便知道别人说的是对的，有时也固执地坚持自己的观点。

这类人有着完美主义的倾向，凡事想做得尽善尽美，比较挑剔，做事之前往往心中已经有了一个"模型"，如果实际情况和

事先想好的"模型"有半点出入，他们都很难接受。

4．两膝盖并在一起，小腿随着脚跟分开成一个"八"字样，两手掌相对，放于两膝盖中间

这类人性情比较内向，容易产生害羞、胆怯、忸怩的心理。如果是女性，往往缺乏信心，在公共场合，多说一两句话就会脸红，但感情细腻。

这类人是保守型的代表，对时尚有排斥心理。工作中，习惯于用过去成功的经验做依据，因循守旧，但对朋友感情的是真诚的，每当他人有求时，一般都会尽心尽力帮忙。

5．敞开手脚而坐，两只手没有固定搁放处

这是一种开放式的坐姿。这类人有很强的支配欲，性格外向，不拘小节。

这种坐姿的人，喜欢追求新鲜事物，标新立异，总想做一些其他人不能做的事。

这种坐姿的人，喜欢和人接触，他们的人缘也较好。还有，他们不在乎别人对他们的批评，始终坚持按照自己的性格生活，这是许多人都很难做到的。

6. 踝部交叉而坐

这是一种控制消极思维外流、控制感情、控制紧张情绪和恐惧心理、表示警惕或防范的坐姿。

这种坐姿的人一般性格内向，几乎封闭了自己的情感世界。

7. 喜欢侧身坐在椅子上

这种坐姿的人不拘小节，感情外露。

8. 身体尽力蜷缩一起，双手夹在大腿中而坐

这种坐姿的人自卑感较重，缺乏自信，大多属于服从型性格。

事实上，能够反映出人的性格不只是坐姿，落座时的动作和方式也可以透露出当时的心理状态。

（1）猛然而坐。

这种落座方式大多被人们认为是一种随随便便、不拘小节的表现，其实不然，这个举动恰恰是反映出心神不宁，或有不愿告人的心事，心理抑制。

（2）坐在椅子上摇摆不定，不断抖动腿部或用脚尖拍打地面。

这种行为方式说明此人内心焦躁不安，或为了摆脱某种

紧张感。

（3）与人并排而坐的人，如果有意识无意识地挪动身体，说明他想要与同坐者保持一定距离，可又碍于面子不便挪动。

（4）舒适而深深地坐在椅内的人。这种坐姿表示此人有着心理优势。

（5）将椅子转过来跨骑而坐的人。这类人自我意识比较强，个性也比较强势。也有可能是当人们面临语言威胁时，或对他人的讲话感到厌烦时，想压下别人在谈话中的优势而做出的一种防护行为。

（6）喜欢面对着别人坐的人。

这类人比较好相处，因为他们希望自己能被对方所理解。

（7）斜躺在椅子上的人。

这类人有着心理上的优越感，或者有较高地位。

（8）直挺着腰而坐的人。

这类人有可能表示对对方的恭敬之意，也可能表示被对方的言谈所打动，还有可能意味着欲向对方展示心理上的优势，这要视当时情况而定。

> 与人并排而坐的人，如果有意识无意识地挪动身体，说明他想要与同坐者保持一定距离，可又碍于面子不便挪动。

> 舒适而深深地坐在椅内的人。这种坐姿表示此人有着心理优势。

（9）始终浅坐在椅子上的人。

一种是表示对对方尊敬；还有一种是缺少安全感的典型表现，反映了当事人正处于心理劣势，并且欠缺精神上的安定感。

站姿与性格关系

FBI特工认为，通过站姿也能探知人的性格及内心活动。每个人都有自己习惯的站立姿势，不同的"站姿"所反映出来的性格和心理活动自然是不尽相同的。经过FBI特工的分析，人们的站姿和性格的对应有以下几种：

1. 站立时常把双手置于臀部

这类人自主性强，具有驾驭的能力。最大的缺点是主观色彩较浓，性格比较固执、顽固。

2. 站立时喜欢把双手叠放于胸前

这类人性格较坚强，不轻易向困难和压力低头。但是较重视个人利益，与在人交往中常摆出自我保护的防范姿态，令人难以接近。

3. 站立时不能静立，不断改变站立姿态

这类人性格有些急躁，身心常处于紧张的状态之中，而且不断改变自己的思想观念。

4. 站立时习惯把双手插入裤袋

这类人"城府"较深，不轻易向人表露内心的真实想法。性格偏于保守、内向，凡事步步为营，警觉性极高，不会轻信别人。

5. 站立时将双手紧握置于背后

这类人有时情绪不稳定，令人感觉莫测高深。其最大的优点是富于耐性，而且能够接受新思想和新观点。

6. 站立时习惯把一只手插入裤袋，另一只手放在身旁

这类人性格复杂多变，有时极易与人相处；有时又对人处处提防，为自己筑起一道"防护网"。

7. 站立时两手相握置于胸前

这类人性格较自信。

8. 站立时双脚合并，双手垂置身旁

这类人较诚实，性格虽循规蹈矩但生性坚毅，不会向困难屈服低头。

当然，仅凭他人的站立姿势来判断其性格和内心似乎有些片面，如果能够结合生活中的具体环境，那么就能观察得更全面一些。

以人们在公共汽车或地铁上的站姿为例，来判断一个人的性格及内心。

一般情况下，在公共汽车或地铁上站立的时候，大部分人都会抓吊环，我们就从人们抓吊环的方式来判断人的性格：

（1）不抓吊环或是抓吊环上的皮革的人。

这类人多少都有些洁癖，在他们看来，环圈任何人都拉，一定有细菌。另外，此类人也是占有欲极强的人。

（2）只用指尖勾住吊环的人。

这类人的独立自主心极强。如果是男性，他个性比较高傲，即便他有些时候也会听从别人的话，但是绝对不会轻易应

声附和。

（3）紧握吊环，将手与吊环完全接触的人。

这类人可获得掌握感。他的"独占欲"比他人加倍强烈，同时他也十分希求安定。

（4）用一只手抓两个吊环的人。

这类人有着很强的依赖性，意志比较薄弱，当然，还有一种情况就是他已经十分疲倦了。

（5）用指尖捏着吊环的人，不管车怎么晃动，他都能站得极稳。

这类人十分谨慎，不喜欢依赖别人，同时，做任何事都考虑得很周到。

（6）抓住吊环手却不停地动。

这种人内心十分不稳定。

◀ 腿脚部常态动作的秘密

人的脚部动作虽不如手部动作多，但力量较之手要大很多。而脚因为与腿相连，许多动作脚腿是一起做的。脚可以做伸、踢、勾等动作。

由于大部分人对腿部和双脚的动作不太关注，故不会考虑掩饰或者伪装这部分的肢体动作，而掩饰和伪装常常发生在人们的脸部、双臂等上身部位。

一个人也许可以假装出镇定自若的表情，可是如果他的双脚不断地轻

大部分人对腿部和双脚的动作不太关注，故不会考虑掩饰或者伪装这部分的肢体动作，而掩饰和伪装常常发生在人们的脸部、双臂等上身部位。

一个人也许可以假装出镇定自若的表情，可是如果他的双脚不断地轻敲地板或者双腿一直微微抖动，那就表明在镇定自若的外表下，他的内心充满了想逃却逃不了的挫折感。

敲地板或者双腿一直微微抖动，那就表明在镇定自若的外表下，他的内心充满了想逃却逃不了的挫折感。双腿轻轻抖动隐藏着当事人想逃离当前困境的企图。而腿部动作也能解透露一个人的内心秘密。

年轻人走路时，速度明显快于老年人，而且双臂前后摆动的幅度也更大，有时甚至像急行军一样。这要部分地归因于年轻人轻快的步伐以及良好的肌肉柔韧性。正因如此，部队行军的规范姿势也逐渐演变成比较大和挺的步态，目的就是塑造军人们年轻健壮、精力充沛的形象。现今许多想要展现健康活力的政治家和公众人物，也纷纷采用这样的步态。

FBI特工经过分析与进一步观察发现，女人在走路时，手臂向后摆动的幅度更大，因为女人的肘部向外弯曲的能力更强，这一特点让她们在背着孩子时能更稳地托住孩子。

FBI心理专家曾做过这样的实验，他们邀请一些企业的经理参加系列测试，要求他们在情景访问中撒谎，并且尽量表现得令人信服。结果发现，所有参加测试的经理，无论性别和年龄，在撒谎时脚部的下意识动作都会显著增多。

这些被测试的大部分人都会伪装面部的表情，甚至还会控制手部的姿势，然而对双腿和脚部的动作却忘了"掩饰"。心理学家由此总结，当人们在撒谎的时候，下半身的肢体动作会大量增加，所以只要观察者能够看到撒谎者的整个身体，就能大大提高识破谎言的成功率。这也说明了为什么许多商务人士只有坐在整体实材的办公桌后面才会感觉到舒适。

因而，如果拿不准对方是否在"欺骗"你，不妨低头看看他的双腿和双脚。

在人类的进化过程中，腿部动作主要有两项功能：一是向前走以获得食物；二是在遇到危险时逃跑。由于人的大脑直接关联着这两种基本目的：走向自己想要的东西和远离自己讨厌的东西，因而人们的腿部以及脚部动作可以显示他们内心的动向，也就是说，通过观察别人的腿部和脚部，你就可以知道对方到底愿不愿意跟你继续"交谈"。

> 在人类的进化过程中，腿部动作主要有两项功能：一是向前走以获得食物；二是在遇到危险时逃跑。由于人的大脑直接关联着这两种基本目的：走向自己想要的东西和远离自己讨厌的东西，因而人们的腿部以及脚部动作可以显示他们内心的动向。

（1）不互相交叉或者大幅叉开的双腿展现出一种开放的姿态，或是处于支配的地位。

（2）而交叉的双腿则显示出一种保守的姿态，或是没有把握的心态。

在大多数情况下，从几个常见的腿部姿势中，也可以迅速洞察他人的心理。

（1）立正的姿势。

非常正式的站姿，表现出了一种中性的态度，不表达任何肯定或否定的倾向。

（2）双腿叉开。

这是一个传达支配意味的动作，属于非常典型的男性身体语言，就像是展示胯部的站姿一样，这个站姿清晰地告诉别人，自己并没有离开的打算。

（3）稍息姿态。

这是种优美的姿势，通常表现了此人内心正在做下一步的打算。

事实上，FBI特工认为只要留意观察人们的腿部及脚部动作所传达出来的丰富的信息，也是可以解读内心的活动。

◀ "脚踝相扣"动作中的深意

FBI特工发现，脚踝相扣这个细节动作其实独具深意。

人们在脚踝相扣时，其具体动作因性别不同而有所差异。比如，当男人脚踝相扣时，通常都会将双手紧握成拳头置于膝盖上，也可能会牢牢抓住椅子的扶手，还可能摆出展示胯部的姿势。

女人在脚踝相扣时，通常会把双膝并拢，并且把两只脚置于身体的同一侧，双手并排或者是交叠着轻轻放在腿上。

也就是说，男人与女人的脚踝相扣动作最大的不同就是：男人双膝敞开，而女人则尽量并拢双膝，将两腿之间缝隙减少到最小。

FBI特工认为当人在谈话中做出脚踝相扣的动作时，这人正在努力抑制某种消极情绪，要么就是出于对某事缺乏把握，要么就是因为恐慌害怕。如果彼此相扣的两只脚悄悄地挪到椅子底下，与这个动作相对应的就是沉默寡言的态度。相反，如果一个人对交谈非常投入的话，那么他的双脚会自然地伸向前方。

在生活中，有一个场合人们会经常看到脚踝相扣的动作，那就是在法庭，在等候法庭宣判的时候，被告做脚踝相扣的动作的几率是原告的三倍。原因是这一动作有助于他们控制自己的情绪。另外，除了法庭上的被告之外，牙病患者也经常在治疗时脚踝相扣。经过调查，88%的患者坐上牙科治疗椅的时候，就会出现脚踝相扣的现象，即便是常规的牙齿检查，也会有68%的患者会脚踝相扣，当然，如果遇见牙医注射的情况，那么患者出现脚踝相扣的概率是98%。

除了牙病患者，还有一类人经常做出脚踝相扣的动作。因涉嫌犯罪而被传唤的人在开始接受讯问的时候，

当人在谈话中做出脚踝相扣的动作时，这人正在努力抑制某种消极情绪，要么就是出于对某事缺乏把握，要么就是因为恐慌害怕。

有一个场合人们会经常看到脚踝相扣的动作，那就是在法庭，在等候法庭宣判的时候，被告做脚踝相扣的动作的几率是原告的三倍。原因是这一动作有助于他们控制自己的情绪。

牙病患者也经常在治疗时脚踝相扣。经过调查，88%的患者坐上牙科治疗椅的时候，就会出现脚踝相扣的现象，即便是常规的牙齿检查，也会有68%的患者会脚踝相扣，当然，如果遇见牙医注射的情况，那么患者出现脚踝相扣的概率是98%。

FBI特工发现他们通常都会做出脚踝相扣的动作。然而，他们做出这个动作并不是因为害怕，而是因为内心有愧疚感。

人们在面试的过程中，有时也会出现脚踝相扣的动作，这表明面试者正在尽力抑制自己的某种情绪或是态度。

如果在谈判中出现了一方脚踝相扣的动作，那就表明做出这个动作的人已经有了"做出重大让步"的打算，可是他却仍然在竭力克制自己做出这一决定。这个时候另一方如果能够掌握合适的提问技巧，就很可能会诱导你的对手"松开自己的脚踝"，并最终做出让步。

> 如果在谈判中出现了一方脚踝相扣的动作，那就表明做出这个动作的人已经有了"做出重大让步"的打算，可是他却仍然在竭力克制自己做出这一决定。

想要对脚踝相扣这一动作进行"攻心战"，最好的方法就是运用积极的问题引导对方的情绪转向乐观，通常情况下，就是让对方"放开自己的脚踝"。

另外，走到脚踝相扣者的身边，或者走到旁边坐下，也可以使其感到放松，原因是在相互交流的时候没有了屏障物，能使脚踝相扣者放松。

◀ 腿脚典型语言

为什么腿和脚能够如此精确地反映一个人的内心活动呢？几百万年之前，当人还不会说话的时候，人类的腿和脚就已经能快速应对周围的威胁，这种反应甚至无须理性的思考。

人的边缘大脑指挥着腿和脚在需要时做出相应的反应：停下来、逃走或踢向敌人。这种生存本领是人从祖先那里继承而来的，至今仍在沿用。事实上，这些古老的反应在人的身体里已经根深蒂固，即使是现在，遇到危险的事情或不能认同的事情的时候，人们的腿和脚依然会做出史前时代的那种反应，也就是先"冻结"，然后想办法"逃开"，最后如果没有其他选择，只能进入"备战"状态。

虽然人用衣服和鞋子遮住了自己的腿和脚，但它们依然是最早做出反应的身体部位之一，它们不仅是面对威胁和压力时有反应，还包括面对各种情绪时。人们的腿和脚确实在传递着自己的感觉、思想和情感。

虽然人用衣服和鞋子遮住了自己的腿和脚，但它们依然是最早做出反应的身体部位之一，它们不仅是面对威胁和压力时有反应，还包括面对各种情绪时。

今天，人们的跳舞和跳跃动作，实际上是对几百万年前人们打猎成功后的庆祝仪式的一种延伸。不管是马赛武士原地起跳的战舞（比谁跳得高），还是一对对情侣热情洋溢的舞蹈，传达给人们的始终是一种幸福感，这一点全世界都是一样的。在球类运动中，观赛者会一起有节奏地跺脚，好让运动员知道观赛者在全力为他们加油。

在日常生活中还有很多证据可以证明这种"脚感"的存在。例如，可以通过观察孩子们的脚部动作来验证他们的诚实度。

一个孩子正坐着吃饭，窗外传来其他孩子叫声，这个孩子一心想着要出去玩，她的脚会有怎样的反应？这个孩子没有吃完饭，父母要求孩子保持先吃饭，这时孩子的脚会慢慢远离桌子，她的身体可能会被父母按住，但是她的腿和脚开始不停扭动，并使尽力气伸向房门一侧，这准确地反映出了她想要去的地方——外面。脚成为内心活动的一种意图线索。

实际生活中，在解读身体语言时，很多人都习惯从身体较高部位的脸开始。脸固然是身体的重要一部分，然而它常常被用来掩盖真实。

曾参加过数千次联邦调查局审讯的史密斯认为应将注意力先集中到嫌疑人的腿和脚上，然后再逐一向上观察，最后解读面部表情。事实上，他发现，可信度总是随着目光的上移而减少。

人的面部表情善于欺骗似乎也"合情合理"，因为很多人从小就被教育这样做。当他们做出真实反应时，父母会出于礼节以及为人处世的顾虑而告诫他们："不要做出这样的表情。"或者，他们会教导孩子："至少在亲人或者朋友面前看起来高兴点儿。"所以，很多人从小就学会了"强颜欢笑"，用脸去隐藏、欺骗和撒谎。

如此说来，"察言观色"不是件容易的事情。但读腿和脚似乎更容易些。

（1）"快乐脚"。

"快乐脚"是指人在高兴时双腿和双脚一起摆动或颤动。"快乐脚"是一种非常可靠的信号，它表示一个人认为他正在得到他想要的东西，或有机会从另一个人或周围环境那里赢得有价值的东西。比如，常见接机的亲朋或久别的情侣在机场相会时会表现出"快乐脚"。

有一次，史密斯在机场无意中看到了旁边一位年轻母亲与家人打电话的情景。最初，她的脚是平放在地板上的，但是电话接通后，她的脚开始使劲儿敲动地。虽然她没有亲口告诉史密斯什么，但她的脚说明了一切。

也就是说，只要有"快乐脚"的出现，就一定代表了此人正处在极度兴奋的心情之中。

当然，有些脚是在桌子等遮挡物下。在解读这些兴奋的心情的时候，并不需要钻到桌子下面去寻找"快乐脚"，只要看看人的衬衫或肩膀就可以了。因为，如果脚在摆动或敲打，衬衫和肩膀会随之摇摆或上下震动。这些动作非常细微，但是，只要你注意观察还是可以察觉到的。

有些脚是在桌子等遮挡物下。在解读这些兴奋的心情的时候，并不需要钻到桌子下面去寻找"快乐脚"，只要看看人的衬衫或肩膀就可以了。因为，如果脚在摆动或敲打，衬衫和肩膀会随之摇摆或上下震动。

莉莉是一家大公司的人力资源主管，她将脚部的语言解读恰当地运用到了工作中。她负责为公司选拔海外工作人员，当她问一名应聘者是否愿意到海外任职时，应聘者的脚开始变得活跃，莉莉看到了"快乐脚"，答案也是肯定的。然而当莉莉告诉这个人要去的地方是比较偏僻地方时，"快乐脚"不见了。注意到这一点后，莉莉问应聘者原因。这个应聘者十分惊讶：虽然自己不愿意去偏僻的地方，可是自己并没有表明，这个人力资源主管怎么会知道自己的想法呢？

当然，和所有的身体语言一样，我们必须把"快乐脚"放在具体的环境中去考量。比如说，一个人天生就有神经过敏足，也就是"多动脚"，那么我们就很难判断这个人的"快乐脚"行为。再比如，如果人双脚点动的频率或强度增加，而且是发生在这个人听到或看到某些重要事件之后，那么，这却是一种对事情现状更有信心且更满意的信号。

腿脚动作有时也能代表不耐烦心情。比如说，曾有心理学家对一个班的学生的观察后发现，通常情况下，在临近下课时双脚跺地的动作会变多。这时的"快乐脚"就不再代表快乐，而是不耐烦和希望事情尽快结束的信号。

（2）"转向脚"。

"转向脚"也能很直观地传达内心活动。通常情况下，人们会将身体转向自己喜欢的人或事。现在你走近两个正在谈话的人，你认识他们，很想加入他们的谈话，于是先走近与他

> "转向脚"也能很直观地传达内心信号，通常情况下，人们会将身体转向自己喜欢的人或事。

们打招呼。可是，你并不确定这两个人是否愿意你加入，此时，你可以注意观察他们的脚和身体动作。如果他们移动自己的双脚和身体来欢迎你，那么他们的欢迎应该是真心真意的。如果他们并没有移动双脚，而只是转了转身说了声"你好"，这就表示他们不愿意你加入。

史密斯通过对法庭行为的研究发现，如果陪审员不喜欢某

位证人，他们也会将双脚转向最近的出口处。从腰部以上的部位看，陪审员对正在陈词的证人表现得十分有礼貌，可是他们的脚却本能地表明了内心的否定态度。

一个人将双脚移开是一种希求解脱的信号，说明他想远离自己当前的位置。所以，当你与人交谈时，如果发现对方渐渐地将他的双脚从你这一侧移开，这时候你就应该做些"调整"了。你要明白这个人也许想走，或者也许不想再听下去或再待下去了，又或许是因为你说了什么冒犯他的话或做了什么令他人厌烦的事。总而言之，"转向脚"是一个人想要离开的信号。

马克是某公司的销售人员，有一次，他与一个客户谈了5个小时，聊得非常投机，但是后来他注意到，这位客户将腿拐到了与他的身体成直角的位置，这只脚好像要自己离开身体似的。于是，马克问道："你是不是有事要离开？"客户说："是的，很抱歉，我并不是不想再听下去，我突然想起要打个电话到伦敦，事情比较紧急。"

虽然马克的客户表现得很礼貌，他的脚却是最诚实的，它们清楚地告诉马克，他很想留下，但是同样想做自己要做的那件事。

抱紧膝盖的腿部动作同样可以表明一个人想要离开当前位置的意图。这也是一种非常清楚的信号，说明他的大脑已经做好了结束的准备。

抱紧膝盖的腿部动作同样可以表明一个人想要离开当前位置的意图。这也是一种非常清楚的信号，说明他的大脑已经做好了结束的准备。

通常情况下，紧跟这种姿势之后的是身体前倾或身体放低转向椅子的一侧，这些也是意图明显的动作。

通常情况下，紧跟这种姿势之后的是身体前倾或身体放低转向椅子的一侧，这些也是意图明显的动作。当你注意到这些动作时，尤其是当你的上司做出这样的动作时，你要结束自己的谈话了，因为他已不准备听下去了。

◀ "背离重力" 现象

　　当人们感到高兴或幸福时，走起来会如步青云，就像恋人们互相陶醉时，或像孩子们在公园跑跳时。对于兴奋中的人来说，身体的重力好像不起作用一样。

　　史密斯曾观察过一个用手机打电话的女人。那个女人打完电话后，她本来平放在地板上的左脚换了一种姿势。她的脚跟还处于着地状态，脚的其他部位却向上翘了起来，脚趾指向天空。一般人可能不会注意到这种行为，或者认为这是一种无关紧要的动作。然而，接受过训练的FBI特工知道，这种行为说明那个人一定是听到了什么高兴的事。史密斯在走过她身边的时候，听到她轻声自言自语："太好了！"这个女人动作就是背离重力的动作。

一个站着讲故事的人可能会做出拔高身体的动作，为的是强调重点，而且他可能会不断重复这样的动作。其实，他是在下意识的状态下做出这样的动作，因此，这些挺拔的动作是最诚实的情绪线索，因为它们能将符合这个故事的真实情况传达给人们。这种行为很少发生在临床忧郁症患者身上。

　　人的身体总能准确地反映出一个人的精神状态。所以，当人们高兴时，通常会做出许多背离重力的动作。

　　当然，在史密斯看来，这种行为也会骗人，尤其是对演员来说，应该不是什么难事。史密斯认为，一般人是不会懂得如何调节自己的"边缘"行为的。当人们想要控制他们的"边缘"行为或背离重力的时候，他们的动作要么看起来太过表演化，要么看起来太过消极，要么感觉太受环境约束，要么缺少生气。

　　如同违心的招呼是很难让人感受到诚意的，因为手臂上扬的时间太短。加上这个打招呼的人的眉毛如果也是下弯的就不够真诚。可见，背离重力的行为应该是一个人的情绪状态的晴雨表。

　　有一种非常具有情报价值的背离

　　有一种非常具有情报价值的背离重力的行为，叫作"起跑姿势"。在做这个动作时，一个人静止的脚会转换到一种预备起跑的姿势，即后脚跟翘起，重心全都转移到脚掌上，这也是一种内心活动线索，这个动作表明，此人已经准备好要做一些身体动作了，而这种身体动作需要脚的配合。

重力的行为，叫作"起跑姿势"。在做这个动作时，一个人静止的脚会转换到一种预备起跑的姿势，即后脚跟翘起，重心全都转移到脚掌上，这也是一种内心活动线索，这个动作表明，此人已经准备好要做一些身体动作了，而这种身体动作需要脚的配合。它可能表示这个人想离别人远一点，或者想直接离开此地。

当人们深陷对峙状态时，腿和脚会叉开。这样做并不只是为了让自己站得更稳，而是为了获得更多的"领地"。事实上，这是一种强烈的信号，至少表明有些事情正在准备中，或者即将有麻烦来临。

叉开的双腿也是背离重力现象之一，是最明显、最容易被认出的"捍卫领地"的行为。人们在感到压力、烦乱或者有威胁时都会强调自己的"领地"，像执法人员以及军人常用此种姿态。有趣的是，当他们想要战胜对方时，他们会下意识地尽量将腿叉得比其他人更宽些，以此获得更多的"领地"。

叉开的双腿也是背离重力现象之一，是最明显、最容易被认出的"捍卫领地"的行为。人们在感到压力、烦乱或者有威胁时都会强调自己的"领地"，像执法人员以及军人常用此种姿态。

当一个人的腿从并在一起到叉开，那么基本上可以断定这个人越来越不高兴。它清楚地告诉旁人："一定有什么不对劲的地方，我必须做好准备来应付这人。"在这种情况下，周围的人要提高警觉了。

通常情况下，当争执扩大时，人叉开双腿的幅度也会增大。而缓解对抗局面的方法之一就是尽量避免表现出这类行为。如果人们能在愈演愈烈的交火中及时收住这类叉腿的动作，及时地将两腿收拢，一定能降低"对抗等级"，使矛盾得以缓和。

在一次心理研讨会上，有一位女士在现场谈起她的前夫是如何恐吓她的。她讲道：她前夫站在屋门口，双腿叉开，挡住她的去路。要知道，这种行为并不是毫无意义的，它能够引起视觉上和心理上的共鸣，通常可以被当作控制、恐吓和威胁行为。

一名囚犯曾经告诉史密斯："在监狱里，姿态就是一切，包括怎么站、表情如何。人们不能表露出脆弱，一分钟都不可以。"

当然，叉腿动作也可以是对人们有利的动作，尤其是当某人想要树立权威时。史密斯曾经训练过一些女警官，教她们如何叉开双腿并保持强势的站姿，以此来对付执勤过程中遇到的那些"无法无天"的人。

并拢的双腿会被认为是一种顺从，而通过叉开双腿，女警官可以"占到上风"。这种"这里由我说了算"的站姿是绝对拥有权力的表现，能够帮助女警官们更有效地应对那些不太容易制伏的不法分子。

事实上，每个人都有自己的"领地需求"，可能是出于个人原因，或者是受到文化环境的影响。当有人来冒犯自己的"领地"时，人们的"边缘"反应会很强烈，人会变得十分警觉，脉搏会加快，有的人可能会变得面红耳赤。举个例子，如果你正站在拥挤的电梯里或正在使用银行取款机，有人靠你很近，你肯定会有异样的感觉。

对腿和脚的细心观察能帮助人们快速解读人心，同时提高人际交往中的舒适度，反之亦然。双腿交叉尤其能反映出人们社交时的舒适感。因为，如果交往中感到不舒服，人们是不会做出这样的动作的。这同人们在别人面前感到自信时通常会将双腿交叉是一样的。

一个独自站在电梯里的人很可能会将双腿交叉，因为这样是很自在的表现。但是，当有人走进来时，这个人会很快站回正常的姿势，让双脚紧紧并住站立在地板上。这其实是一种信号，仿佛可以听到"边缘"大脑在说："不能如此放松，现在也许会有危险或问题，赶快把脚牢牢地放在地上！"

一个独自站在电梯里的人很可能会将双腿交叉，因为这样是很自在的表现。但是，当有人走进来时，这个人会很快站回正常的姿势，让双脚紧紧并住站立在地板上。这其实是一种信号，仿佛可以听到"边缘"大脑在说："不能如此放松，现在也许会有危险或问题，赶快把脚牢牢地放在地上！"

当两个交谈中的人都将双腿交叉时，这就表示他们都感到很轻松。首先，这是两个人之间行为的映射，也就是人们所知的"趋同"行为，是一种舒适的信号。其次，由于双腿交叉是高度舒适感的体现，它会让旁人知道，你们之间的关系很好，在一起彼此可以完全放松下来，这也是"边缘"大脑完全放松下来的表现。由此可见，双腿交叉是一种交流积极情感的重要方式。

在一次聚会上，史密斯被介绍给两位六十岁出头的女士。在交谈中，一位女士突然将双腿交叉，这样一来，她的重心就放在了一只脚上，所以她的身体也略微倾向自己朋友一边。史密斯看到后说："两位认识很久了？"那两位女士眼中和脸上马上露出了兴奋的神色，其中一位问史密斯是怎么知道的。史密斯解释道："虽然我和两位第一次见面，但是你们中的一位会将双腿交叉并倾向一方，这足以说明你们的交情匪浅，彼此也很信任。"听了史密斯的解释后，她们承认彼此相识已经二十多年了。

这种动作是很难作假的。有些时候，当图谋不轨的犯人遇到巡视的警察时，他们会斜靠在墙上，然后将双腿交叉，显得很镇定。然而，有经验的巡逻警官能立刻看出这类人是在假装镇定，他们不是真的在休息，而缺

> 有些时候，当图谋不轨的犯人遇到巡视的警察时，他们会斜靠在墙上，然后将双腿交叉，显得很镇定。然而，有经验的巡逻警官能立刻看出这类人是在假装镇定，他们不是真的在休息，而缺乏经验的警官则看不出这些人动作中的破绽。
>
> 在高度舒适的社交活动中，人们的腿和脚会做出与周围的人相同的动作，这就是"趋同"行为，是十分有趣的。

乏经验的警官则看不出这些人动作中的破绽。

在高度舒适的社交活动中，人们的腿和脚会做出与周围的人相同的动作，这就是"趋同"行为，是十分有趣的。

史密斯曾为一个在电视行业工作的客户做过培训。事后这位客户非常热情地请史密斯去一家墨西哥餐馆吃晚餐。在餐馆里，他想继续学习解读身体语言的技巧，于是把目标锁定在旁边的一对恋人身上。

他问史密斯："据你的观察，这两个人相处得怎么样？"于是，他们开始观察这两个人。

最初，这两个人身体是彼此倾向对方的，然而，随着晚餐和谈话的继续，两个人都各自倾向了自己的一边，话也开始少了。这位客户于是断定他们之间一定是出了什么问题。但是，史密斯告诉他："不要只看桌子上面的部分，桌子下面也不要漏掉。"要做到这一点并不难，因为这家餐厅没铺桌布。

"注意他们的脚离彼此的距离。"史密斯提示道。如果他们不是相处得很好，他们的脚就不会离对方那么近。原来，两个人的脚碰到了一块并开始搓擦对方的脚，两人的腿也没缩回去。可见，两人是彼此相恋的。离开的时候，那位男士还将胳膊搭在了女士的腰上。虽然他们什么也没说，不过身体语言行为揭示了一切。

在恋爱阶段，尤其是当恋人坐着的时候，当感到和对方在一起很愉快的时候，女性常常会拿她们的鞋子做消遣，有的时候也会用脚趾将鞋子挑起来摇晃。如果女性突然感到不高兴，这种动作就会马上被收起来。

> 人在坐着的时候所作的交叉的双腿的动作同样能给人们启示。当两个人并肩坐在一起时，他们双腿交叉的方向是很有意义的。如果他们关系很好，压在上面的一条腿应该指向另一个人的方向。如果其中一个人不喜欢他的同伴，他会将双腿换个方向。如此一来，大腿就成了一道壁垒。

人在坐着的时候所作的交叉的双腿的动作同样能给人们启示。当两个人并肩坐在一起时，他们双腿交叉的方向是很有意义的。如果他们关系很好，压在上面的一条腿应该指向另一个人的方向。如果其中一个人不喜欢他的同伴，他会将双腿换个方向。如此一来，大腿就成了一道壁垒。这种"阻断"行为是"边缘"大脑保护人们的另一种方式。

史密斯认为：如果是第一次遇到某个人，那么，对腿部和脚部行为的观察就变得尤其重要。史密斯说："我第一次见到什么人时，通常都会真心诚意地走上前与对方握手，并且还保持着良好的目光接触，然后后退一步，等待对方的反应。通常情况下，会有以下三种结果：如果这个人原地不动，这表示他或者她对这样的距离感到满意；如果这个人后退一步或稍稍移开一些，表示他或她需要更大的空间，或是不想再待在这儿；如果这个人上前一步，这说明他或她喜欢与我相处或交谈。我在这个时候是不会干涉对方行为的，因为这个时候正好可以趁机观察一下他或她对我的感觉。"

说到腿和脚的诚实，就不得不提一提人们在走路时的样子。FBI特工在调查总结中发现，其实每个人都有自己的走路方式，从步态中能看出一些性格。

FBI特工发现，走路姿势的改变也是非常重要的身体语言行为，当一个快乐、亲切的人突然听说自己爱的人受伤的消息时，他或她的走路姿势会马上发生变化。还有，坏消息或噩耗能驱使一个人夺门而出，不顾一切地跑向需要帮助的人，也能导致这个人步伐沉重，就像是整个世界的重量都压在他一个人的身上。

有些犯罪者不明白自己是怎样泄露自己的秘密的。史密斯说他们失败的原因之一就是，他们频繁地在人行道的内侧行走，当他们漫无目的的目光停下来时，会习惯性地改变自己行进的速度。这些人不同于大部分走路的人，有自己要去的地方或要完成的目标，罪犯们则不同，他们无目标行走，潜伏并等待下一个目标，因此，他们的姿势和步伐会显得和常人不同。

有些犯罪者不明白自己是怎样泄露自己的秘密的。史密斯说他们失败的原因之一就是，他们频繁地在人行道的内侧行走，当他们漫无目的的目光停下来时，会习惯性地改变自己行进的速度。这些人不同于大部分走路的人，有自己要去的地方或要完成的目标，罪犯们则不同，他们无目标行走，潜伏并等待下一个目标。

腿部颤动和移动也是很常见的行为。有人经常这样做，也有人从不这样做。这些行为并不能表明一个人是否有欺骗意图，有些人认为，最诚实的人和最不诚实的人都会颤动或轻摇双腿。在这种情况下，重点是观察这些行为的起点和变化点。

举个例子，在一次审问中，贝辛格夫人不停地轻摇她的双脚，双手也显得有些紧张。史密斯问她和她丈夫关于投资的问题时，贝辛格夫人的脚由摇变成了踢。动作的转变就在一瞬间，十分明显。当然，这并不能说明她想掩盖什么，但至少表示这个问题对她有刺激，这个动作正反映出了她对问题的反感。

根据乔·库里斯博士的研究，当一个人的脚部动作从左右轻摇转向上下踢动时，说明这个人一定看到或听到了些什么消极或不高兴的事情。这种行为的有趣之处在于，它完全是一种自觉行为，大多数人都意识不到。

史密斯还曾经审讯过一名女子，人们怀疑她是一桩重大犯罪案件的目击者。但经过几个小时审下来，没有丝毫进展。这是一件令人十分沮丧的事，整个审讯也格外冗长乏味。被审讯者未发出任何有意义的信号，但是史密斯注意到她的腿一直在摇动。当史密斯问到"你认识克莱德吗"这个问题时，事情终于发生了变化。那一刻，她甚至还没来得及回答问题，腿部动作就从摇动变成了上下踢动。这是一种很重要的线索，它告诉史密斯这个名字对她有一定的影响。在后来的审讯中，她承认这名叫克莱德的人曾经让她卷入一宗盗窃案中。最后，身体的这种"背叛行为"让她不得不在联邦监狱度过25年。

如果一个在不停摆动和弹动自己双脚的人突然停了下来，那么通常说明，这个人正在经历情绪上的波动，或是感受到了某种程度的压力。这是他的"边缘"大脑要将他的生存状态调至"冻结"模式。因为别人说到的事情或问到的问题刺痛了他，而那些问题中包含有他不愿意让别人知道的信息，可能是什么怕被别人发现的事情。

脚部"冻结"是"边缘"控制反应的另一种表现，是一个人在面对危险时的一种动作倾向。

当一个人突然将脚趾转向内侧或两只脚互锁时，他传递的信号是，他感觉到了不安全、焦虑或威胁。

史密斯发现，在审讯犯罪嫌疑人时，他们中的很多人会互锁双脚或互锁脚踝，这表示他们压力很大。但是，很多人，尤其是穿裙子的女性，确实喜欢选用这样的坐姿。事实上，当这种锁住脚踝的行为持续得过长时，就应该注意了，尤其是当男性做出这样的动作时，应该特别注意。

前面说过脚踝互锁是大脑的"边缘"系统遇到威胁时的一种

前面说过脚踝互锁是大脑的"边缘"系统遇到威胁时的一种反应。还有一种现象值得注意，在接受审讯的过程中，说谎的人的脚会长时间保持不动，就像"被冻住"了一样，或者，他们有意将双脚紧锁来限制其动作。FBI研究发现，人们说谎时常会故意限制自己的手臂和腿部动作以掩饰自己说谎内容。

反应。还有一种现象值得注意，在接受审讯的过程中，说谎的人的脚会长时间保持不动，就像"被冻住"了一样，或者，他们有意将双脚紧锁来限制其动作。

FBI研究发现，人们说谎时常会故意限制自己的手臂和腿部动作以掩饰自己说谎内容。

还有些人将腿脚动作延伸一步，将脚缠在椅子腿上。这种限制行为叫"冻结"行为，说明这个人遇到了麻烦。

◀ 躯干语言的秘密

FBI特工从不放过任何一个可以读解目标人物心理的机会，因而对于目标人物的细节举动十分关注，当然，这并不代表FBI特工在读解人心时不重视人们显要的部位，相反，对于整体部位与显要部位，FBI特工也是极为关注的，尤其是人的身体躯干。

所谓躯干，就是指臀部、腹部、胸部和肩部。这些部位的动作和腿脚的动作一样，能反映出内心活动的真相。

躯干是人体众多器官的载体，其中包括心脏、肺、肝和消化道，人们期待大脑能够运用它的聪明才智来保护那些受到威胁或挑战的器官。大脑也确实是这样做的，在遇到危险时，会召集身体的其他部位来保卫自己身体的重要器官。保护的方式有多种，有的很微妙，有的则很明显。

1．躯干语言

与身体的其他部位一样，人体的躯干在感觉到危险时的第一反应就是逃离。比如，当有东西抛向我们时，我们的"边缘"系统会向躯干发出立刻躲避的信号。通常情况下，这种反应与袭击物体的性质无关，不管是飞过来的球，还是正在行驶中的汽车，只要感觉到了，就会赶快闪躲。

> 与身体的其他部位一样，人体的躯干在感觉到危险时的第一反应就是逃离。比如，当有东西抛向我们时，我们的"边缘"系统会向躯干发出立刻躲避的信号。

同样的，当一个人站在一个令人讨厌的或自己不喜欢的人旁边时，他的躯干会倾向远离这个人的一侧。

史密斯在无数次地乘坐火车和地铁时发现，人们在交通工具上捍卫自己"领地"的技巧。有些坐着的人会不停地左右摇动身体，仿佛在向周围人施压；也有人在抓住拉手的同时不停地碰别人，看起来，这些人好像一直在扩展自己的"领地"，因为没有人愿意靠近他们。当有人不得不坐在或站在这些"古怪的人"旁边时，他们会将身体躯干倾向一侧，尽可能不与这些人接触。史密斯相信，有些乘客是故意做出这样的行为的，这样可以让周围的人与他们保持一定的距离，并远离他们的躯干。后来谈起此事，一个朋友告诉史密斯："如果你想让敌人望而生畏，首先自己就得表现得像一颗坚果。"

人们不仅会将躯干转离令自己不舒适的人，还会渐渐转离那些没有吸引力或令人厌恶的事物。

史密斯曾带女儿看过一次展览，在四处观看那些极富纪念价值的展品的同时，史密斯观察到了第一次靠近这种展品的人的迥异姿态。有些人将身体探向展品，试图观察产品每一个细节；有些人则在靠近展品时略显迟疑；也有些人会先靠近展品，然后随着对感官的冲击的深浅，而慢慢地、轻轻地离开；还有些人显然是对展品没兴趣，突然转身离开。

人体躯干显示的信息反映了"边缘"大脑对距离和避让的需求，它们是人类真情实感的指示器。当某种关系中的一方感到事情进展得不顺利时，他或她很可能是感觉到了对方细微的远离动作。这种远离动作还会以人们所谓的"腹侧否决"的形式出现。

事实上，人们的腹侧聚集着眼、嘴、胸等器官，它对我们喜欢和不喜欢的人或事物都很敏感。当遇到有兴趣的事物时，人的腹侧会倾向它，遇到喜欢的人时也一样。而当感

人们的腹侧聚集着眼、嘴、胸等器官，它对我们喜欢和不喜欢的人或事物都很敏感。当遇到有兴趣的事物时，人的腹侧会倾向它，遇到喜欢的人时也一样。而当感觉到事情不妙的时候，比如关系发生了变化或遇到不喜欢的话题等，"腹侧否决"行为就会随之出现，人就会转换姿势或者转身离开。腹侧是人体中最脆弱的部位，因此大脑格外注意对它的保护。

觉到事情不妙的时候，比如关系发生了变化或遇到不喜欢的话题等，"腹侧否决"行为就会随之出现，人就会转换姿势或者转身离开。腹侧是人体中最脆弱的部位，因此大脑格外注意对它的保护。

这就是为什么在宴会上，当有不喜欢的人走近时，人们马上会下意识地微微转动身体。当然，这只是一个例子。

2. 腹侧语言

与腹侧相对的行为是腹侧展示。史密斯称之为"腹侧前置"，也就是将身体的腹侧展示给喜欢的人或事物。

比如，当孩子跑过来拥抱母亲的时候，母亲会移开一切可能阻挡孩子的东西，甚至包括双臂。

人们将腹侧前置，是因为人们感到这样是最热情的，也是最舒适的。事实上，用"不理睬"或者是"不喜欢"等词汇来表达对某人或某物的消极态度，是因为人们总是用腹侧去面对自己喜欢的人或事物，而用背部去面对人们不喜欢的人或事物。

相爱的两个人会将身体跨过咖啡桌而倾向对方，他们的脸会挨得很近，因为这样能进行更亲密的视线交流。他们会将自己的腹侧倾向对方，即将自己最脆弱的部位展示给对方。这是大脑"边缘"系统的一种自然却经过进化的反应。

在会议室和其他集会上，躯干的身体语言表现行为总是层出不穷，其中就包括倾侧行为、腹侧展示和腹侧否决行为。

观点相同的人会亲密地坐在一起，并更多地向对方展示自己的腹侧，还会融洽地倾向对方、靠近对方。当意见不同时，人们会牢牢地控制着自己的身体，避免腹侧前置，或会将身体侧离他人。这样的行为是在下意识地告诉别人："我与你有着不同的意见。"当然，与其他身体语言

观点相同的人会亲密地坐在一起，并更多地向对方展示自己的腹侧，还会融洽地倾向对方、靠近对方。当意见不同时，人们会牢牢地控制着自己的身体，避免腹侧前置，或会将身体侧离他人。这样的行为是在下意识地告诉别人："我与你有着不同的意见。"

行为一样，这样的动作也要被放到具体的环境中去解读。比如，一个职场新人在大会上看起来比较僵硬和约束，这并不表示他不喜欢会议内容或持不同意见，他只是有些紧张。

现实中，如果情况不允许人们远离自己不喜欢的人或物，有些人会下意识地用手臂或其他事物为自己筑起一道"壁垒"。比如，交谈中的商人可能会突然系上夹克的扣子，那可能是因为谈话让他感到了不适，而谈话结束后，他又会重新解开扣子。

当然，扣上衣扣并不一定表示感到了不适，有的时候，人们扣上衣扣是为了让某个场合变得更正式或是表示对某人的尊重。

而在烧烤野餐会上，它所表达的含义也可能是为了防止烟熏到自己。

在史密斯的一次审讯中，对象是一名年轻女子和她父亲。他们进来后坐在了沙发上，那名年轻女子顺手抓起一个沙发靠枕，在随后的近三小时的审讯中，她一直将靠枕抱于胸前。抱枕像一根"救命稻草"。这道"壁垒"虽只是一个靠枕，但是它的作用是不容小觑的。当话题比较中性时，这位女子会将靠枕放在一边，但是当谈到犯罪案件时，她会重新拿回靠枕并死死地将其按于胸前。

这次谈话中，她没有透露任何史密斯想要得到的消息。然而下一次审讯，史密斯从他们的口中得知了所有想要得到的信息，原因是：那个可以给她保护的靠枕不见了。

3. 手臂语言

研究表明，女性的躯干保护行为比男性多得多，特别是当她们感到不安全或紧张时。女性为了保护自己的躯干并令自己感到舒适，可能会将双臂交叉放于胃部；还可能会用一只手臂斜跨于胸前，然后用一只手抓住另一只手臂的手肘，这也是一种"壁垒"。女性的这两种下意识的行为都是为了保护和隔离自己。

在学校里，女生走路时常常会将笔记本抱于胸前，新生开学的前几天尤其明显。随着舒适感的增加，她们的动作也会发生改变，如将笔记本放于身体一侧。但考试的那几天，这种胸前保护行为又会再次增加，甚至有些男生也会这么做。

女性还会使用背包、公文包或钱包来遮挡自己，特别是一个人独处的时候。

而男性的躯干保护行为总是很细微的。比如伸出手去拿东西、整理衣袖或把玩袖口。

男性喜爱的另外一个小动作是固定领结或领带，因为这种动作可以让手臂护住胸前和颈部部位。这种保护动作的出现说明这个人在那一刻产生了些许不安。

有一次，史密斯站在超市的结账通道观察人群，一位女士使用的是借记卡，但收款机一次又一次地拒读。开始时这位女士每次输完密码后双手都交叉于胸前，直到最终放弃并恼怒地离开。史密斯观察到，每次她的卡被拒时，她的手臂就会抱得更紧，双手也抓得更紧。这种信号清楚地说明她的愤怒和不适感正在上升。

孩子们在不高兴的时候或者不听话的时候也会将双臂交叉，就连较小的孩子也会这么做。

手臂保护行为的形式多种多样，除了上述所说，还有像将双臂交叉放于腹部，或将双臂交叉得更高并用双手抓住双肩。

在学校里，女生走路时常常会将笔记本抱于胸前，新生开学的前几天尤其明显。随着舒适感的增加，她们的动作也会发生改变，如将笔记本放于身体一侧。但考试的那几天，这种胸前保护行为又会再次增加，甚至有些男生也会这么做。

女性还会使用背包、公文包或钱包来遮挡自己，特别是一个人独处的时候。

有些时候，在餐桌上起了争执会让我们的胃感到不舒服，这是什么原因呢？原来，当你感到心烦意乱的时候，进入你消化系统中的血液就会减少，低于正常消化所需要的量。血液被调离了消化系统，而被输往人们的心脏或四肢肌肉处，目的就是为"逃跑"做准备。

在餐桌上起了争执会让我们的胃感到不舒服，这是什么原因呢？原来，当你感到心烦意乱的时候，进入你消化系统中的血液就会减少，低于正常消化所需要的量。血液被调离了消化系统，而被输往人们的心脏或四肢肌肉处，目的就是为"逃跑"做准备。

人们所感受到的胃痛实际上是"边缘"系统被激发的征兆之一。

父母在饭桌上吵架的时候，孩子是无法继续进食的，他的"边缘"系统向营养吸收和消化系统发出了警告，告诉它们为逃跑做好准备。

从本质上看，人们在遇到紧急事件的时候，身体会说"没有时间消化了"，目的就是减轻负担，好为逃跑或身体对抗做准备。

有人可能会说，交叉双臂可能只是因为冷而已。即便是这样，也不能否定身体语言行为的意义，因为寒冷也是一种不适。

FBI特工发现，在被询问的过程中感到不适的人经常会喊冷，比如犯罪调查中的嫌疑犯、犯了过错的孩子或工作中出现问题的员工。不管出于何种原因，当人们感到苦恼时，"边缘"大脑就会召集身体的各个系统进入"冻结"、"逃跑"、"战斗"反应的准备状态。这种准备是血液会被输送到四肢的大块肌肉中，也就是说，血液会暂时离开皮肤，让有些人会暂时失去正常肤色，也就是人们平时所说的"大惊失色"。生理学家认为，由于血液是人们身体取暖的主要来源，一旦血液被从皮肤处送往深处的肌肉处，人们的身体表面就会感到寒冷。

4．弯腰动作

弯腰动作的含义在全世界都是一样的，基本都是尊敬或受到表扬时候的一种谦逊行为。

二战爆发前，麦克·阿瑟将军被调至菲律宾任职。有一名军官被派到麦克·阿瑟办公室收拾，这名军官在把一些装饰品后摘掉之后准备离开。他在离开时，先深鞠一躬，然后倒着退出了房间。

没有人要求他这么做，他的行为完全是自动的，他的大脑告诉他要让这里地位最高的人知道他明确的立场，这是对麦克·阿瑟将军权力的一种肯定。后来，这名军官成了欧洲最高联盟的指挥官、诺曼底登陆的策划者以及美国第34任总统，他就是怀特·大卫·艾森豪威尔。

5. 躯干伸展

躯干伸展也是一种信号，一种舒适的信号。然而，当人们正在讨论很严肃的事情的时候，出现这样的动作就成了一种霸道的表现。

青少年们经常会这样做，比如，他们在受到父母的责罚时就四肢伸展地坐在椅子上以示对抗。这种伸展行为表现的是对他人的不尊重，是对别人权威的漠视，是不值得鼓励的，也是不能让人容忍的。

躯干伸展也是一种信号，一种舒适的信号。然而，当人们正在讨论很严肃的事情的时候，出现这样的动作就成了一种霸道的表现。

青少年们经常会这样做，比如，他们在受到父母的责罚时就四肢伸展地坐在椅子上以示对抗。

如果你的孩子每次遇到严重问题时都会做出这样的动作，那么你应该立刻要求他坐直，这样能起到中和作用。如果要求无效的话，就挨着坐在他旁边。出于对他空间入侵的"边缘"反应，他或她会立刻坐直。如果你放任孩子，他会对你越来越不尊重。另外，如果不及时管教，孩子长大后会很容易在本应集中注意力坐直的工作场合做出这样的动作。这对工作是十分不利的。

与其他生物一样，人类在试图掌控自己的"领地"时会挺起胸膛。注意观察一下正在吵架的两个人，他们会像大猩猩那样挺起胸膛。虽然看似好笑，然而，挺胸的动作是不容忽视的。

你还可以从学校操场上要打架的孩子身上观察到这一点，从职业拳击正式开战前观察到这一点。在这方面，拳王阿里做得最好。他的行为不只会对对方造成威胁，还很搞笑，简直就是一场表演，活跃了现场气氛，当然，也成就了高票房。

> 与其他生物一样，人类在试图掌控自己的"领地"时会挺起胸膛。注意观察一下正在吵架的两个人，他们会像大猩猩那样挺起胸膛。虽然看似好笑，然而，挺胸的动作是不容忽视的。

还有些时候，准备打架的人会脱掉衣服晃晃双臂。这样做的目的可能只是单纯地想放松一下肌肉，也可能是为了保护被脱去的衣服，或是让对方找不到着手点。

无论如何，当你和别人发生争吵时，如果对方突然摘掉了帽子或脱掉了衬衫，那么你就该要小心了。

6. 耸肩行为

耸肩行为也蕴涵着丰富的含义。比如，当老板向员工提出这样的问题："你听到过客户的抱怨吗？"员工可能会回答说"没有"，然后耸耸他的一个肩，这就说明这个人没说实话。如果他是诚实的，他的双肩耸动应该是敏锐的、向上的，且双肩动作应该是一致的。

当人们对自己说的话确信无疑时，他们会大幅度地向上耸双肩。这种背离重力的行为表明这个人感到很自在，并且对自己的言行充满信心。

双肩做动作能代表许多信息，比如，一些正处于消极状态下的人会慢慢地将双肩提升到耳朵的高度，看起来就像脖子没了一样。这一动作的焦点是双肩的缓缓上升，这种动作的目的大概就是想缩回自己的头，好像乌龟那样。做这种动作表明这个人缺乏信心，而且感到非常不自在。

生活中，会议中，经常可以看到有人做双肩动作，特别是当老板走进来说"我想听听大家都在忙些什么"

双肩做动作能代表许多信息，比如，一些正处于消极状态下的人会慢慢将双肩提升到耳朵的高度，看起来就像脖子没了一样。这一动作的焦点是双肩的缓缓上升，这种动作的目的大概就是想缩回自己的头，好像乌龟那样。做这种动作表明这个人缺乏信心，而且感到非常不自在。

的时候，这样的动作尤为普遍。还有，当一些人七嘴八舌地谈论自己的骄人业绩时，业绩平平的人则会将头越缩越低，他们的肩膀不断上升，仿佛要把他们的头藏起来一样。

家庭生活中，我们也能经常看到类似的双肩动作。比如，当一位父亲对孩子说"我为有人打破了床头灯却没有告诉我而感到伤心"时，做错事的孩子通常会做这样的动作：低着头、双肩升至耳朵高度。另外，有些运动员在输了之后也会做出这样的动作。

人们在日常生活或者是解读他人内心的时候都不太注意躯干

或者是肩部的动作，然而，这两个地方所传达出的信息同样有价值，如果疏于观察这两个部位，那么，必然会错过许多解读身体语言的重要情报。

　　在观察身体语言的时候，最好要做到全面，不要忽视每一个部位所传达出的每一个信息，否则，你可能会与真相擦肩而过。

◀ 手臂动作的秘密

FBI特工发现，在观察身体语言的时候，手臂动作同样暴露内心活动。手臂像个"情感发送器"，发送着有用的信息。

事实上，从人类的祖先开始直立行走开始，人就可以自如地使用手臂了。手臂不仅可以搬重物、投掷、抓东西，还可以将人们提离地面。手臂线条流畅、行动敏捷，如果有人向我们投东西，手臂会本能地上扬并准确地将其挡开或接住。

手臂的反应是如此活跃，哪怕不合逻辑或判断失误，它们也会抬起来保护人们。

史密斯曾见过有人试图用手臂阻挡子弹。大概"思考"大脑可能会意识到手臂并不能将子弹挡在体外，然而"边缘"大脑还是让手臂抬了起来以"自卫"。

每次受到威胁，手臂都是在保护人免受致命的重创。

有一次，在佛罗里达的一场暴雨中，史密斯正用手撑伞的时候，车门旋转了回来并打到了他，史密斯扬起手的一边的一根肋骨被打断了。从那个时候起，那种痛苦的记忆时刻提醒史密斯要重视自己的手臂，因为它们的保护功能是如此重要。

手臂和脚一样，都是人们天生的自卫工具。

（1）手臂摆动幅度

人们在活动的时候，手臂动作的幅度很重要，从拘束型的、受限制型的、畏缩型的，到生机盎然型、不受限制型、舒展型的，这些动作可被划分为很多类型。而当人们高兴和满足时，通常都会将手臂自由地挥舞。

观察一下正在玩耍的孩子就能发现，他们的手臂总是能毫不费力地做出各种动作，包括指、抓、举、抱、挥和打手势等。也就是说，当人高兴起来时，他们的手臂动作是不受重力束缚的。

一个自我感觉良好的人，手臂动作也会表现得十分轻松自如。相反，一个没有安全感的人会下意识地限制自己的手臂。这些动作都是人们"边

当人高兴起来时，他们的手臂动作是不受重力束缚的。

一个自我感觉良好的人，手臂动作也会表现得十分轻松自如。相反，一个没有安全感的人会下意识地限制自己的手臂。这些动作都是人们"边缘"大脑的第一反应，它们是最诚实的，也是最及时的。

缘"大脑的第一反应，它们是最诚实的，也是最及时的。像球队进球的那一刻，球员会立刻伸出手臂去欢呼；而当裁判宣布进球无效时，球员们的肩膀和手臂就会马上垂下来。这种身体表现是可以彼此感染的，这一点在足球场、摇滚音乐会或是好友聚会上都能表现出来。

在遇到消极的情绪时，人们通常会收回手臂。比如说，当人受到伤害、威胁或虐待时，或者是感到焦虑时，手臂会垂直地搭在一边或交叉于胸前，这是一种生存策略。再比如，当一个较弱小的孩子和几个比较粗鲁的伙伴们一起玩时，母亲会感到担心，她的双臂可能会一直交叉于胸前，或是将双手合于腹部。这时的她其实很想介入其中，可又希望孩子继续玩下去，她能做的就是站在一边观看，并随时准备采取行动。

还有，两个处于争执中的人都会做出收回手臂的动作。或许双方都意识不到，这种不具挑战性的动作能够起到保护身体的作用。从本质上讲，他们是在抑制自己的身体，因为伸出的手臂可能会被理解为"攻击"，那样的话，打架和冲突便不可避免了。

限制手臂动作不仅能让人们保护自己，还可以给自己一些安慰。比

> 两个处于争执中的人都会做出收回手臂的动作。或许双方都意识不到，这种不具挑战性的动作能够起到保护身体的作用。从本质上讲，他们是在抑制自己的身体，因为伸出的手臂可能会被理解为"攻击"，那样的话，打架和冲突便不可避免了。

如，在受伤的时候人们会限制自己的手臂动作，这是一种自我疗伤和安慰行为。

还有，如果你患上了严重的肠道疾病，你的手臂很可能会缩到腹部去安慰疼痛的部位。这种情况下，手臂不会向外伸展，因为大脑的"边缘"系统要求它们尽量不要远离。

（2）手臂"冻结"

与手臂向外伸展相反的情况是"手臂冻结"，这种情况常会出现在孩子们中间，有些时候，也被视为不好的预兆。比如，孩子被父母训斥时。

限制手臂动作的行为不仅会发生在小孩的身上，在成人中也屡有发生，只是起因各不相同。

有一次，史密斯受聘于一家书店，负责查找扒手。他待在销售区上方较高的位置上，这样辨认出这些不法分子就是件很简单的事了。首先，这些人总是会四处张望。其次，他们的手臂动作比一般顾客少很多，好像是以此避开别人的注意。但就是这一行为让他们显得更为另类，从而引起史密斯更多的注意。

史密斯的一个海关检查员朋友也曾告诉他，在边境上工作时工作人员总是很留意出入境人员拿手提包和钱包的动作。因为担心自己包内物品的人，都会把包抓得很紧，不管是因为里面物品价值不菲，还是藏有违禁物品，尤其是走近海关的检查台时。

也就是说，手臂不只被用来保护那些贵重物品，还被用来隐藏那些不想被人看见的东西。

生活中，我们可以通过一个人的手臂动作判断出他或她的心理。比如，手臂的动作可以让你知道一个忙完了一天的工作正在往家走的人的心情。

如果工作很繁重或心情比较沮丧，这个人的手臂会耷拉在一边，肩膀也会下沉。相反，久别重逢的人们会张开双臂，似乎在说："让我拥抱一下你吧！"

（3）手势语

除此之外，手臂的动作还有助于表达很多日常信息，比如表达"你好""再见""过来""我不知道""在那里""回去""离开""真难以置信"等信息。许多手势语都是世界通用的。

FBI特工认为有些人始终与他人保持一臂的距离，是在传递这样的信息："请不要靠近我""不要碰我"。还有，当人们走路的时候将双手放在背后，一种是代表了"我有相当的地位"，还有一种是"请不要靠近我，我不容许任何人靠近我"。

双手背于身后，人们常常以为这是一种沉思或思考动作，事实上却并非如此，看一看博物馆里正在研究某幅画的人的动作就知道了，

当人们走路的时候将双手放在背后，一种是代表了"我有相当的地位"，还有一种是"请不要靠近我，我不容许任何人靠近我"。

双手背于身后，人们常常以为这是一种沉思或思考动作，事实上却并非如此。

他将手臂放于背后清晰地表达了一种信号，就是"不要靠近我，我不愿意和你接触"。

科学研究证明，接触对人类有着至关重要的作用。据说，人的健康、情绪、心理成长甚至能否长寿都受到身体接触次数和接触时状态的影响。很多人都有体会，哪怕只是轻轻地抚摸一只狗，都能降低心率，从而让人安静下来。

除了可以保护自己或保持自己与他人的距离，手臂还可以用作"领地标记"。自信的人或地位较高的人抢占的"领地"总是比那些不自信的、地位较低的人抢占的多。比如，占优势的人可能会将手臂搭在椅子上，以此让别人知道他说了算。

> 除了可以保护自己或保持自己与他人的距离，手臂还可以用作"领地标记"。自信的人或地位较高的人抢占的"领地"总是比那些不自信的、地位较低的人抢占的多。比如，占优势的人可能会将手臂搭在椅子上，以此让别人知道他说了算。

地位较高的人总是一坐下来就占领尽可能多的"领地"。初次约会时，男性可能会自信地将一只手臂搭在女友的肩上，仿佛那是他"资产"的一部分。人们只有对这类身体语言多加观察，才能更好地评估一个人的地位。

（4）双手叉腰

还有一种捍卫领地的动作，那就是双手叉腰，它也常被用来声明统治权或维护权威。警察或者是军人说话的时候常会摆出这样的姿势，这是他们的命令式训练的一部分。这种姿势不会在普通人中引起太多共鸣，所以有些人建议进入商界的退役军人最好将这种姿势"软化"，那样的话，他们看起来才不会那么让人望而生畏。当然，这些建议被采纳的可能性微乎其微。

除了那些权威人士，普通民众很少做出双手叉腰的动作。史密斯在给警官或监督人员培训的时候，始终都在提醒他们注意双手叉腰这种动作，并且十分明确地告诉他们，如果便衣不能改掉这种习惯，他们就会败露身份，那么无异于将生命置于危险之地。

对女性来说，叉腰这个动作还有着特殊的意义。比如在会议室面对一群男士的时候，双手叉腰表示她能够驾驭一切。女性走进职场后，男性常常会表现得盛气凌人，他们双手叉腰，表明自己的地盘神圣不可侵犯，女性也效仿了这样的动作。

（5）抱头效应

在手臂动作中，还有一种"领地宣言"，这种动作与叉腰相似，在商务会议和其他需要坐着的社交活动中很常见，那就是，身体后倾、双手交叉于脑后。

史密斯曾与一位文化人类学家谈及这个动作，这个动作让人们想起了

在手臂动作中，还有一种"领地宣言"，这种动作与叉腰相似，在商务会议和其他需要坐着的社交活动中很常见，那就是，身体后倾、双手交叉于脑后。

眼镜蛇，它们用"兜帽"警告其他动物不要靠近自己的领地。

这种"抱头效应"使人们变得比实际尺寸还要大，好像在对别人说："我的地盘听我的。"

所有表示控制力的动作其实都有一种强弱次序。比如，在等待会议开始的过程中，办公室主管可能会做出抱头的动作，然而，当老板走进来后，这一动作会立刻消失。

（6）手臂伸展

手臂还有向他人传达自己的主导地位的功用，通常情况下，人们在强调某一重点的同时会挥舞手臂，以此来声明自己的主导地位。

史密斯在酒店，一位旅店客人到前台求助，他的手臂是紧靠身体的，

手臂还有向他人传达自己的主导地位的功用，通常情况下，人们在强调某一重点的同时会挥舞手臂，以此来声明自己的主导地位。

当他的请求被拒绝后，他的手臂发生了变化，伸出得远了，双手距离也拉大了。随着双方的对话越来越激烈，这人双手扩展的"领地"也越来越大。这是一种十分强烈的"边缘"反应，它表明动作实施者的一种需求，一种对话语权的需求。

通常情况下，温和的人总是会拉紧自己的手臂，而强壮有力或愤愤不平的人会伸展手臂宣称自己的"领地"。

在商务会议中，占领较大"领地"的人很可能对所讨论的内容非常自信。伸展手臂是一种源自于大脑的"边缘"系统的行

为，表达的信息就是"我十分自信"。相反，当被问到令他不自在的问题时，手臂会立刻缩回。

史密斯讲述了他参加佛罗里达莱克地区的一次反恐演习中出现的一幕，在描述演习指令时，策划者一副胸有成竹的样子，他自信地谈论这次演习的每个细节，同时将手臂伸展开来，有两张椅子那么宽。

突然，一个人问道："联系莱克兰的急救人员了吗？"就在那一刻，策划者立刻收回了手臂，双手合起放到了双膝上。这是捍卫"领地"式行为中一个很明显的变化。也就是说，自信时，人们会将手臂伸展出去，不自信时，则将它们收回。

还有一次，史密斯在机场遇到一位旅客被告知需要为他超重的行李支付额外的费用。这位旅客伸开了手臂并将双手放在了柜台上，他的双手距离很远，腰也弯了下去。自然，争论发生了，机场工作人员后退了一步，将双臂交叉放于胸前。机场工作人员的动作所传达的信息很明显，那就是如果他不愿配合，就上不了飞机。

在恋爱过程中，男女双方手臂动作也有着丰富的含义，男性通常会先把手臂搭在女性的肩上，或者，他会将一只手放在女性腰间，这样，别人就不会侵犯他的"领地"了。

在恋爱过程中，男女双方手臂动作也有着丰富的含义，男性通常会先把手臂搭在女性的肩上，或者，他会将一只手放在女性腰间，这样，别人就不会侵犯他的"领地"了。

还有，坐在一起的情侣通常会将彼此的手臂靠得很近。

　　手臂最直接的动作是拥抱动作。大多数人喜欢拥抱，因为它在传递关怀和慈爱方面比任何言语都要有效。然而，拥抱的效用并非总是积极的。在现实生活中，一个善意的拥抱很可能被当成一种对私人空间的侵犯，所以，在打算拥抱的时候，一定要先弄明白对方是否喜欢自己的拥抱。

◀ 手部语言的秘密

FBI特工在读解人的手部信息时，并非单纯观察手本身，更重要的是观察手部的动作。人的手是最独特的，手可以抓、划、刺、打、握，还可以感受、感觉、衡量和改造人们周围的世界。人的手会配合手势讲故事，通过手还能反映人内心深处的想法。

与身体的其他部位相比，大脑对手腕、手掌、手指有点"偏爱"，将更多的动作分配给它们。从进化的角度看，这是有道理的。由于人选择了直立行走，同时人的大脑也壮大了许

> 与身体的其他部位相比，大脑对手腕、手掌、手指有点"偏爱"，将更多的动作分配给它们。从进化的角度看，这是有道理的。由于人选择了直立行走，同时人的大脑也壮大了许多，因而，手就变得越来越灵巧，越来越擅长表达。

多，因而，手就变得越来越灵巧，越来越擅长表达。尽管经过几百万年的进化，人已经充分掌握了语言技巧，但它还有一个功能，就是表达人们的情绪、思想和感情。

手部的动作所传达出来的最直接的信息或是积极或是消极。

很多成功的演员、魔术师和演讲家都深谙其道。

与别人交流的时候，人们很希望能看到对方的手，因为人们的大脑认为手部动作是交流过程中不可分割的一部分。当对方的双手离开人们的视线或失去表现力时，对对方的人品和信誉度的信任感也会减半。

曾经有研究人员做过一个小实验。他先让学生们互相访谈，并要求一半学生将手放在桌子下面，而另一半学生将手放在显眼地方。

15分钟后访谈结束，研究人员发现，将手放在桌子下面的人给对方留下的印象一般都不太好，畏首畏尾、鬼鬼祟祟；而将手放在显眼的地方的一组给人留下的印象则较好，大方、友善，没有人被认为为人虚伪。尽管这算不得科学实验，然而还是能够表现出手部动作对于解读内心的重要性。

史密斯曾对陪审团进行过调查，他发现了一个十分有趣的现象：陪审员不喜欢律师站到演讲台的背后，他们希望看到律师的手。陪审员更不喜欢证人将手藏起来，证人那样的动作会让陪审员产生消极的认知，会认为证人可能有所保留或在说谎。虽然这样的行为和欺骗并没有什么必然联系，然而陪审员的认知也是不无道理的。

有的时候，通过一个人的手能判断出他所从事的职业或经常参加的运动。比如，从事体力劳动的人，手会比较粗糙僵硬；在农场工作的人或运动员的手上可能会留下疤痕；站立时双手放在两侧且手指并拢的人可能有过从军的经历；吉他手的一只手的指尖上往往会留下厚厚的茧。

> 从事体力劳动的人，手会比较粗糙僵硬；在农场工作的人或运动员的手上可能会留下疤痕；站立时双手放在两侧且手指并拢的人可能有过从军的经历；吉他手的一只手的指尖上往往会留下厚厚的茧。

除此之外，手还能反映出人们对自己的关怀程度和人们对社交惯例的态度。有些人的手一看就知道它受到了细心照顾；有些人的手则是脏兮兮的；有些人的手的指甲会被修剪得整整齐齐；有些人的手的指甲则显得疏于打理。

（1）手心出汗

如果遇见人手心出汗的情况，首先应该想到此人是否过于紧张，或者是正处在压力状态下。有些人会认为，手心出汗说明这个人存在说谎因素。事实上，这种看法是有问题的，在人的"边缘"大脑的冻结、逃跑或战斗反应中，神经系统被激活的部分——交感神经系统，也管理着人们的汗腺。生活中，很多人在做很简单的事情时或见陌生人时，都会引起手心出汗，因而，这个现象不能当作欺骗行为的标志。据调查，5%的人经常大汗淋漓或长期出汗，所以手心出汗也在所难免。

在某些案例中，手心出汗还可以被认作一种遗传性障碍。所以，在辨别一个人是否在说谎的时候，并不能将所有手心出汗的现象都解释为说谎。

（2）手抖现象

人身体中的部分肌肉能够控制人的手和手指，做出各种精确细致的动作。当人的边缘大脑感受到压力或者紧张后，神经递质以及肾上腺素之类的激素会激增，会引起手掌颤抖。在听到、看到或想到一些不好的事情的时候，人的手可能也会颤抖。如果这时手中握有某种东西，这个现象就会更为明显。

> 当人的边缘大脑感受到压力或者紧张后，神经递质以及肾上腺素之类的激素会激增，会引起手掌颤抖。在听到、看到或想到一些不好的事情的时候，人的手可能也会颤抖。如果这时手中握有某种东西，这个现象就会更为明显。

史密斯曾经参与过很多次重大间谍活动的调查，一次，史密斯正在审问一名男子。起初只是对他怀疑，因为没有任何证据，也没有目击证人，后来这名男子要了根烟，点燃后，吸了起来。此时史密斯向他提问，当史密斯提到一个特殊的人的名字"科纳德"的时候，他手中的烟抖了一下。为了确认这一行为的意义，史密斯继续提了很多人的名字，来测试他的反应。结果，这种现象再也没有出现过。后来，史密斯又提到"科纳德"时，那个人的手又颤了一下，这样的情况重复了四次。这是大脑对"威胁"的"边缘"反应。那个男子手部动作告诉史密斯，这个人感到了"科纳德"的威胁，史密斯断定，这名男子很可能做过什么违法的事。最终，经过史密斯一年的积极调查，这名男子终于承认，他在间谍活动中与科纳德接触过，并且对自己的罪行供认不讳。

积极的情绪也能引起手的颤抖，大多数发生在当人们中了彩票或者是赢牌的时候。当父母、配偶以及其他家庭成员在机场兴奋而焦急地等待回来的士兵或者是接很久没有见到的亲人时，也常常会出现手颤抖的现象。为了不让手颤抖，他们可能会抓住自己的另一只手或别人的手。

> 当父母、配偶以及其他家庭成员在机场兴奋而焦急地等待回来的士兵或者是接很久没有见到的亲人时，也常常会出现手颤抖的现象。为了不让手颤抖，他们可能会抓住自己的另一只手或别人的手。

当然，在判断手抖动的原因时，一定要注意观察周围的环境。如果伴随手颤动的是"安慰"动作，如触摸颈部或抿嘴唇等，那么，基本上可以判定这种行为和压力有关。

手的抖动虽然包含大量信息，然而，像神经性疾病患者的手颤是反映不出任何情绪状态的；还有的人手颤是长期服用咖啡因、酒精或毒品的缘故。在解读内心活动时，应该将这些情况排除在外。

◀ 面部表情的秘密

表情是思维的画板，这是FBI特工经过多年摸索总结出来的"读心"经验。人们的感觉会在一颦一笑中表露无遗，其中的细微差别也是极为重要的。

面部表情比其他任何部位的表达都要丰富，它们是一种普遍使用的语言，是一种跨文化的通用语。从人类发展之初，面部表情这种国际通用语言就成了一种有效的交流方式，它能够帮助人们互相理解。

人的面部肌肉十分发达，它能够帮助人做出多种多样的表情。据统计，人能做出的面部表情达上千种之多。

虽然人的面部能够非常诚实地表现出感觉，但人在一定程度上控制着它，也就是说，人的面部可以做出违心的表情。

所以，尽管面部表情可以提供各种有意义的信息，让人们了解其思想和感觉，但是，有些信息有可能是伪装出来的，这在解读的过程中，需要仔细地辨别。

（1）消极表情

在人所表现出来的所有的表情之中，最好分辨的就是消极表情了。人的各种消极感情，包括不愉快、厌恶、反感、恐惧和气愤等，这些都可以通过面部呈现出来，这些情绪也会让人们紧张。这类感情可以通过一些线索发现：颚肌紧缩、鼻翼扩张、眯眼、嘴巴颤抖或嘴唇紧闭。如果能够做进一步的观察，你还会发现，紧张的人目光焦距是锁定的，脖子也是僵硬的，但是头却不会偏。也就是说，一个人也许会说自己不紧张，但是他面部表情却足以证明他很紧张，或者是他的大脑可能正在处理一些消极的情绪问题。

> 颚肌紧缩、鼻翼扩张、眯眼、嘴巴颤抖或嘴唇紧闭。如果能够做进一步的观察，你就会发现，紧张的人目光焦距是锁定的，脖子也是僵硬的，可是头却不会偏。也就是说，一个人也许会说自己不紧张，但是他身上的所表现出来的信息却足以证明他很紧张，或者是他的大脑可能正在处理一些消极的情绪问题。

事实上，当一个人心烦意乱的时候，这些身体语言信号就出现了，并且让他人可一目了然，有些可能有点模糊和短暂，有些会持续上几分钟或更长时间。当然，这些身体语言信号十分复杂，有时候它们发生得很微妙，有时候像在故弄玄虚，有时候还容易被忽略。

我们经常可以看到某人口中甜言蜜语，脸上却显示出各种消极的身体语言信号。

我们经常可以看到某人口中甜言蜜语，脸上却显示出各种消极的非语言信号。

在一次热闹的聚会上，史密斯的一个朋友说他的孩子们都找到了不错的工作，他很是高兴。但他在讲这话时虽带着刻意的笑，颚肌却明显紧缩，这让史密斯深深怀疑他的话。后来，他的妻子私下告诉史密斯，他的几个孩子虽找到工作，但工作很一般，工资并不高。

其实，人们经常会隐藏自己的真实情感，如果不仔细观察，就无法发现内心真实活动。另外，面部线索可能稍纵即逝，特别是一些细微表情，是很难被发现的。

（2）积极表情

相比之下，积极的表情比较容易发现，尤其是快乐的表情很容易辨认。当然，积极表情也能隐藏，比如说，在玩扑克牌过程中，即便是手里的牌不错，大多数人也不愿意表现得意洋洋，就像人们不愿意让同事知道自己拿的奖金比别人多一样。

有一次，史密斯正在机场改签航班。站在史密斯前面的一位男士得知自己换到了一等舱，便极力抑制自己的笑容，因为在其他等待换舱的乘客面前，显现出得意之情是一件非常不礼貌的事。不久，史密斯听到他打电话给妻子，虽然他把声音压得很低，但是他的手一直在上下弹动，似乎是迫不及待要打开生日礼物的孩子那样。

在日常生活中，发自内心的、不受抑制的幸福感会溢于言表，会表现在面部上。面部的表现有额头上皱纹的伸展，嘴角边肌肉的松弛，嘴唇的完全呈现，因周围肌肉的放松造成的眼部区域的扩张，都是积极情绪表现的信号。

在日常生活中，发自内心的、不受抑制的幸福感会溢于言表，会表现在面部上。面部的表现有额头上皱纹的伸展，嘴角边肌肉的松弛，嘴唇的完全呈现，因周围肌肉的放松造成的眼部区域的扩张，都是积极情绪表现的信号，头也会倾向一边，向他人展示自己最脆弱的部位，还有脖子。这些都是一种高度舒适的自然反应，在不适、紧张、怀疑或威胁的状态下是无法模仿出来的。

◀ 解读眼睛动作

眼睛被称为"心灵的窗户"，通过观察这两扇"窗户"，一定能发现一个人的内心秘密。换句话说，人的眼睛的确能表达出大量有价值的信息。

人眼部动作的反射性很强，在漫长的进化过程中，眼部周围的肌肉会得到很好的改良，它们能保护眼睛免受伤害。比如，眼球内部的肌肉能够收缩瞳孔，以保护眼睛免受强光的刺激，而当有危险物品袭来时，眼睛周围的肌肉会立刻合上眼帘。因而，眼睛成为了人们脸上最诚实的部位之一。

与面部表情相同，人的眼睛所表现出来的最为直接的动作除了积极动作还有消极动作。消极的眼部动作是指人们在受到刺激或者是突然遇到让人吃惊的事情的时候，眼睛就会睁大，人的眼睛不只宽度增大，瞳孔也会迅速扩张，目的是最大限度地吸收光亮，从而向大脑输送足够的视觉信息。

（1）瞳孔收缩

在人们对信息做出处理，或对它们做出消极的认知时，人眼的瞳孔会立即收缩。人通过收缩瞳孔，能够精确地将面前的一切聚焦到眼前，如此一来，人能够看得更加清楚，从而更有效地保护自己。

史密斯曾经抓住一名间谍。这名间谍主动承认了自己的罪行，但是他不愿意供认自己的同伴。情报分析师马克·瑞瑟向史密斯建议：通过身体语言行为收集所需要的信息。

于是，史密斯向这位间谍展示了32张卡片，每张卡片上都写着一个与他一起工作过的人的名字，史密斯认为这些人中很可能有他的同伙。

史密斯要求这位间谍看每张卡片的同时讲述他所知道的情况，其实，史密斯对他所讲的内容并不感兴趣，因为他知道肯定不会说出真相。史密

> 消极的眼部动作是指人们在受到刺激或者是突然遇到让人吃惊的事情的时候，眼睛就会睁大，人的眼睛不只宽度增大，瞳孔也会迅速扩张，目的是最大限度地吸收光亮，从而向大脑输送足够的视觉信息。

> 当间谍看到其中两个人的名字时，眼睛突然睁大，然后瞳孔迅速收缩，并轻轻地眯了一下眼。显然，在潜意识里，他并不希望看到这两个人。这成了史密斯发现的唯一的线索。最终，这位间谍两个同犯被找到了，并在审问后供认自己参与了此次活动。

斯关注的是他的身体语言信息。当间谍看到卡片中两个人的名字时，眼睛突然睁大，然后瞳孔迅速收缩，并轻轻地眯了一下眼。显然，在潜意识里，他并不希望看到这两个人。这成了史密斯发现的线索。最终，这位间谍两个同犯被找到了，并在审问后承认自己参与了此次行动。

瞳孔收缩现象还会发生在人们的日常活动中。如果一个人突然眯起了眼睛，就表明他在某个方面有所疑惑，正在做思想斗争。

有一次，史密斯和女儿散步的时候遇到了一个女孩。女儿朝那个女孩低低地挥了挥手，同时轻轻地眯了一下眼。史密斯猜想她们之间一定有什么过节，便问女儿她们是怎么认识的。女儿告诉史密斯，她们是高中同学，曾经吵过架。她挥手是出于礼貌，而眯眼则出卖了对朋友的消极情绪和厌恶感。女儿并没有意识到自己"泄密"了，但是在史密斯眼里，这些信息是十分明显"嫌弃"的信号。

事实上，人在受到拘束时不只会眯起眼睛，还会在自己的眉毛上反映出来。人弓形的眉毛表现的是高度自信和积极的感觉；而压低的眉毛则通常表现的是缺乏自信和消极的感觉。

有研究表明，罪犯会通过在新狱友脸上寻找这种面带困惑、压低眉毛的表情，用来判断哪些人比较软弱或好欺负。

（2）瞳孔扩张

表达积极情感的眼部行为有很多。许多小孩子看到妈妈的时候，眼睛会显示出一种舒适感。在出生后的72个小时里，孩子的眼睛会一直追随着自己的母亲。当母亲走进房间的时候，孩子的眼睛就会睁大，以此表明自己的兴奋和满足。同样，慈爱的母亲也会睁大眼睛。这个时候，孩子会一直注视着妈妈的眼睛，从中获得安慰。睁大的眼睛传递出了一种积极的信号，它们说明人很舒适。

瞳孔扩张表达的是一种满足感，或其他一些积极情感。在这种情况下，大脑像是在说："我十分喜欢现在看到的东西，让我看得再清楚些吧。"

瞳孔扩张表达的是一种满足感，或其他一些积极情感。在这种情况下，大脑像是在说："我十分喜欢现在看到的东西，让我看得再清楚些吧。"

当人因为看到某人或者某物而由衷地高兴时，他的瞳孔就一定会扩张，眉毛会上挑，眼睛会睁大，从而让眼睛显得更大。此外，有些人还会不由自主地睁大自己的眼睛，这种表情通常被称作"闪光灯眼"。

当看到自己喜欢的人时，或者偶然遇到久违的朋友的时候，人们会竭力睁大眼睛，同时扩张瞳孔。比如，在工作中，当老板睁大眼睛看着某个员工的时候，这个员工可以假设老板对自己持比较认可态度。

我知道你在说谎——FBI教你一分钟看透谎言

事实上，无论是追求异性，还是在做生意，或只是试着交朋友，人都可以使用这种确定行为判断自己的交往方式是否得当。试想一下，恋爱中的女孩是否常带着爱慕的眼神凝望着对方，那时她的眼睛睁得越大，就表明好感越多。

需要注意的是，瞳孔扩张和收缩也可能与情绪或状态无关，比如对光线的调整、健康状况或某些药物反应等也可能导致瞳孔大小的变化。

眉毛上挑以及眨眼也是积极情绪状态下的一种动作，是"闪光灯眼"的变种，一般发生得很快，除此之外，它们还被用来强调重点和表明情绪强烈程度。

比如，人们经常会看到某人在说"哇"的同时，眉毛就会上挑或者眨眨眼睛。一个讲故事的人讲到高兴处，或者是讲到关键情节时，眉毛上挑的动作也会出现，这既反映了一个人真实的情绪，又拓宽了一个人的视野。

当人感到兴奋、烦乱、紧张或忧虑的时候，眼睛眨动的频率会提高，

眉毛上挑以及眨眼也是积极情绪状态下的一种动作，是"闪光灯眼"的变种，一般发生得很快，除此之外，它们还被用来强调重点和表明情绪强烈程度。

比如，人们经常会看到某人在说"哇"的同时，眉毛就会上挑或者眨眨眼睛。一个讲故事的人讲到高兴处，或者是讲到关键情节时，眉毛上挑的动作也会出现，这既反映了一个人真实的情绪，又拓宽了一个人的视野。

而当人们放松下来，它又会恢复常态。

一连串的眨眼动作反映的可能是一种内心斗争状态，或是与人们的表现的斗争，或是与信息的传递和接受的斗争。

当然眼皮颤动的人一定是遇到了什么麻烦，有些人甚至在刚刚遇到麻烦时就会立即出现这样的反应。比如，在谈话中，某人眼皮开始跳动，说明此人可能对正在谈论的问题产生了疑问或完全不认同，或是正在准备转换话题。

其实，无论一个人是不是在说谎，感到压力的时候，眼睛眨动的频率就会增加，这完全是压力作用的结果。

> 其实，无论一个人是不是在说谎，感到压力的时候，眼睛眨动的频率就会增加，这完全是压力作用的结果。

◀ 解密微笑动作

嘴与人体其他部位一样，会提供很多有价值的信息。当然，嘴也受大脑的操纵，会向人们传递一些虚假信息。因而，FBI特工提醒我们，在解读嘴的动作过程中，一定要辨别真假信息。

众所周知，笑可分为真笑和假笑，而笑与嘴的关系极为密切。

当然，微笑只是笑其中一种，在解读嘴部动作的时候，一定要注意嘴唇的动态，因为嘴唇的动态十分直观。比如嘴唇消失、嘴唇挤压或者是嘴唇缩拢，呈倒U型。

（1）嘴唇消失

嘴唇消失常在法庭上出现。比如，出庭作证的人总是把嘴唇紧闭或藏起来，这说明他们的压力很大。

（2）挤压嘴唇

挤压嘴唇的动作，就像是大脑在告诉人们闭上嘴巴，不要让任何东西进入身体一样。嘴唇的挤压是消极情感的一种反映，它清楚地表明一个人遇到了麻烦，或者是某些地方出了问题。这种行为很少有积极含义，但这不表示做这一动作的人存在某种欺骗行为。

> 挤压嘴唇的动作，就像是大脑在告诉人们闭上嘴巴，不要让任何东西进入身体一样。嘴唇的挤压是消极情感的一种反映，它清楚地表明一个人遇到了麻烦，或者是某些地方出了问题。

（3）缩拢嘴唇

如果仔细观察，就不难发现，人会做出缩拢嘴唇的动作。这种动作说明不认可，或有其他想法。

缩拢嘴唇在庭审的时候经常发生，当一方律师陈述的时候，另一方律师常常会缩拢嘴唇以表示意见不同。而法官如果不同意律师陈述，也会做出这样的动作。

另外，嘴唇的收缩还发生在警察审讯的过程中，尤其是当掌握的关于某个嫌疑犯的信息不准确的时候。嫌疑犯会缩拢他的嘴唇表示"不同意"，也代表他知道调查人员掌握的信息与实际情况有出入。

在商务活动中，嘴唇缩拢的动作也是较为常见的。比如，当有人读出合同上的某一段内容时，反对者会立刻缩拢他们的嘴唇。再或者，在讨论晋升人选的过程中，当不太受青睐的名字被提及的时候，有些人也会缩拢嘴唇。

总之，嘴唇上所传达出来的信息与人体其他部位一样，有着较多的变化，因而，在掌握几个常见情况的同时，必须经过仔细观察，才会更为确切地对某人的内心世界进行解读。

在商务活动中，嘴唇缩拢的动作也是较为常见的。比如，当有人读出合同上的某一段内容时，反对者会立刻缩拢他们的嘴唇。再或者，在讨论晋升人选的过程中，当不太受青睐的名字被提及的时候，有些人也会缩拢嘴唇。

◀ 查找欺骗行为

生活中，人们每天都在接触着很多身体语言行为以及身体语言发出的信号。通过这些信息和信号，人们能更好地理解他人的感觉、思想活动和意图。然而，有一种行为是十分难于解读的，那就是欺骗。

有些人肯定会问："作为一名职业FBI特工，对于发现欺骗应该很容易吧？"

事实上并不是这样，发现欺骗行为是件极其困难的事情。

史密斯分析过大量的身体语言行为，认为能体会到准确评估欺骗行为实际上有着一定的困难。当然，作为一名联邦调查局的特工，解读欺骗行为是他的工作。

很多人从小就学会了撒谎，而且经常撒谎，暂且不说谎言造成的后果是积极的还是消极的，总之，经常撒谎使得人掌握了把谎言说得真实的能力，因而，谎言不容易被戳穿。

很多人从小就学会了撒谎，而且经常撒谎，暂且不说谎言造成的后果是积极的还是消极的，总之，经常撒谎使得人掌握了把谎言说得真实的能力，因而，谎言不容易被戳穿。

比如说，人们经常听到"告诉他们我不在家"或"脸上带点笑容"或者是"不要告诉你爸爸，要不咱们都有麻烦"这一类的话。这是再正常不过的了，作为群居动物的人，不只是为了自己说谎，也为了别人说谎。有的时候，所说谎言是善意行为。有的时候，人们使用的化妆品和衣服也能帮人行骗。因而，谎言无处不在，这更增加了人们识别它的难度。

史密斯对识别欺骗行为有自己的见解。联邦调查局将他的见解整理成书出版了。这本书提出了一种新模式，那就是根据"边缘"大脑的觉醒和表示舒适或不舒适的动作来识别不诚实行为。简单地说，就是当人们无忧无虑或者说真话的时候，人们表现得比较自然；而当人们说谎或担心说谎被他人发现时，通常会显得比较不自然。

事实上，在生活中撒了谎的人，都发现自己很难放松下来，并且觉得似乎很容易被他人看出来，这让他们承受着沉重的思想负担。因为即便是回答一些很简单的问题，他们也要不断编造谎言。

史密斯根据多年的工作经验，总结出寻找欺骗行为的时候需要注意的几点。

1. 区分紧张与说谎

在审问或重要谈话中，最初有些紧张是很正常的，尤其是当周围环境令人备感压力时，因此，要注意区分紧张与说谎的不同表现。

比如，当父亲问儿子学校留了什么家庭作业的时候，孩子感受到的压力比父亲问他为什么因为淘气被开除时说话要小声得多。

2. 先让对方放松下来

在审问、开重要会议或重大问题的讨论过程中，相关各方最终都要冷静下来看问题。而一名好的审问人员总是会在问问题或涉及某些压力话题时多花一些时间，让对方放松下来，否则，是无法为找出欺骗行为的痕迹提供心理环境的。

3. 建立一个基线

当一个人的"安慰"行为减少和稳定到正常水平时，可以将他这时的"安慰"行为作为进一步评估的基线，通过基线判定他的内心世界，进而寻找欺骗的踪影。

4. 遵循"询问、停下、观察"的步骤

切忌连珠炮似的问问题。如果因急躁或鲁莽引起了对方的警觉，那么你想准确地发现欺骗行为的希望就会落空。正确的方法是，先问一个问题，然后停下来，利用这段时间观察对方的各种反应。给对方一些时间去思考和反应，创造一个意味深长的停顿来达成这一目的。

与此同时，问问题要经过酝酿，要能引出一些有意义的答案，以达到探听虚实的效果。问题最好具体，因为越具体，越有可能发现一些精确的身体语言信号，而你的判断也将更准确。

5. "喋喋不休"并非诚实的表现

当被询问者不停地讲话的时候，人们很容易相信他们，而当他们表现出欲言又止时，人们则会怀疑他们在说谎。事实上，判断一个人讲的是不是事实，并不在于他给出的信息量多少，而在于他所提供的证据。除非说话者能够提供足够的证据，否则，这些话就像是自言自语，对于准确解读来说，没有任何意义。

以上几点是史密斯归纳总结出来的寻找欺骗行为的时候应该注意的几点。

有一次，史密斯在佐治亚州的梅肯调查某个案子时盘问一个女人。三天下来，这个女人自愿提供给史密斯的信息能写上

好几页。

问话结束后，史密斯也真的以为自己找到线索了。然而，当史密斯逐一证实那个女人的话时，问题来了。结果让他大失所望，这个女人所说的全是谎言，就连对她丈夫的描述也是假的。

另外，史密斯还注意到"同步"行为在辨别欺骗行为时候的重要性。在辨别欺骗行为的时候，有两种身体语言行为值得人们多加留意，那就是"同步"行为和"强调"行为。先说说"同步"行为。

当一个人用肯定的口吻回答问题的时候，他应该做出相应的同步动作。比如，当一个人一边说"我没做过这件事"，一边点头表示肯定，这就是不同步。再比如，当一个人被问道："你是不是说谎了？"此人一边说"没有"，一边轻轻地点了一下头。而当他意识到自己犯错的时候，他可能会立刻调整自己的行为，想要为挽救错误做些什么，这都是"不同步行为"。

在判定欺骗行为时，"同步"行为至关重要。因为，从口头表述与身体语言行为的同步性之中，能对是否存在欺骗行为有一个大概的判断。

比如，当一个人用肯定的口吻回答问题的时候，他应该做出相应的同步动作。一个人一边说"我没做过这件事"，一边点头表示肯定，这就是不同步。再比如，当一个人被问道："你是不是说谎了？"此人一边说"没有"，一边轻轻地点了一下头。而当他意识到自己犯错的时候，他可能会立刻调整自己的行为，想要为挽救错误做些什么，这都是"不同步行为"。不同步行为的不协调与不自然会让欺骗行为浮出水面。

说话的时机和内容也应具有同步性。比如，一个人报警说自己的孩子被劫持了，这时他应该表现出应有的情绪。如心神慌乱，大声要求警方立即采取行动，强调每一个细节，你能感觉到他的惊慌、对帮助的渴望和急于描述所发生事件的心情。

如果报警的人心平气和，或者是急于澄清什么，或没有表现出任何情绪，他们的行为与当前的氛围完全不相称，大概就可以确认他们是否欺骗。

事件、时间和发生地点应具有同步性。没有及时报告案情的人以及报案报错地方的人都应该划到嫌疑人之列。

欺骗的人通常情况下是不会过多考虑"同步"性的，在大多数情况下，他们的身体语言行为以及他们自身所表现出来的不协调会"出卖"他们。

FBI特工对于人们内心活动的解读大都建立在人的行为可以发出两种信号之上的，也就是语言信号和身体语言信号。如何寻找和识别这两种语言信号，仔细观察、倾听，就可发现它们既像位于制高点上的标志，清晰可见。又像放在衣柜里的衣物，始终不露踪迹。

欺骗的人通常情况下是不会过多考虑"同步"性的，在大多数情况下，他们的身体语言行为以及他们自身所表现出来的不协调会"出卖"他们。

事实上，通过对身体语言行为的学习与理解，就可以逐步达到破解身体语言的目的，进而迅速读解他人内心。另外，还能够丰富自己对周围世界的认识，换句话说，对于他人内心的解读，是建立在能够理解与掌握身体语言交流之上的，想要掌握"读心"技巧，必须掌握身体语言的解读方法，这是FBI在读解人心方面给我们的启迪。

洞察秘密，
从点滴开始

第二章

　　FBI 特工在审讯犯罪嫌疑人的时候，并非完全依赖高科技设备，事实上，在大多数情况下，特工们在不动声色的情况下依靠犯罪嫌疑人自身所传达出来的身体语言将其谎言识破，换句话说，特工们常常对目标人物的心理进行解读，而犯罪嫌疑人的身体语言在特工们的眼里成为重要的情报线索。

　　那么，FBI 特工到底是如何解读身体语言的呢？具体说来，目标人物身体的任何一个部位的任何小动作都可以让他们察觉，然后通过分析动作得到不同的信息，在不知不觉中，对方的内心世界就暴露在 FBI 特工眼前。

◀ 表情，内心的写照

表情是无声的语言，是人生来就会运用的，比如说小孩子哇哇大哭，表明了他不舒服，而后哈哈大笑，又说明他高兴快乐。伴随着年龄的成长，人的表情越来越丰富，所起的作用也越来越大。

通过一个人平常说话时伴随着的表情，也能大致推测这个人性格是什么。说话时眉飞色舞、表情丰富的人，可能感情丰富，乐观活泼，热情大方，属于性情中人，情绪波动较大，好动不好静，对事情会全力付出，不计后果，但一旦遇到挫折很容易失望或沮丧。

而说话不动声色的人，城府较深，喜怒不形于色，深沉稳重，通常较为理性，对人对事能够冷静客观，分析问题比较全面，做事有很强的计划性。

法国生理学家科瑞尔在他的《人，神秘莫测者》一书中论述道："我们会见到许多陌生的面孔，这些面孔反映出了人们的心理状态，而且随着年龄的增长，反映得越来越清楚。人的脸就像一台展示感情、欲望、希冀等一切内心活动的'显示器'。"

我们会见到许多陌生的面孔，这些面孔反映出了人们的心理状态，而且随着年龄的增长，反映得越来越清楚。人的脸就像一台展示感情、欲望、希冀等一切内心活动的"显示器"。

表情是无声的语言。当人们交往时，不管是否面对面，都会下意识地通过表情表达各自的情绪，如果是面对面，会同时注视着对方脸部的各种表情。

据统计，人能做出的表情多达25万种，正是这些丰富的表情使得人的社交活动变得复杂而又细腻深刻。

表情具有相当的欺骗性。美国心理学家拜亚曾经做过一项实验：他让一些人表现愤怒、恐怖、诱惑、无动于衷、幸福、悲伤等六种表情，再将这些录制后的表情放映给其他人看，让他们猜何种表情代表何种感情，结果让人大吃一惊，每个人猜对的平均不到两种。这说明虽然表情对揭示心理活动有一定的意义，也能传递一个人的内心动向，但要在瞬间通过表情勘破人心，实属不易。

人们在生活中不知不觉地学会了好多手段来掩饰自己的内

人们在生活中不知不觉地学会了好多手段来掩饰自己的内心，也知道了在何种情况该掩饰什么样的表情，因此在许多时候，人们都会"面无表情"地跟他人对话、交流，轻易不肯暴露自己的想法，这么做一般有三个理由：一是敢怒而不敢言，一是漠不关心，一是根本没有放到心里去。

心，也知道了在何种情况该掩饰什么样的表情，因此在许多时候，人们都会"面无表情"地跟他人对话、交流，轻易不肯暴露自己的想法，这么做一般有三个理由：一是敢怒而不敢言，一是漠不关心，一是根本没有放到心里去。

◀ 手，人的另外一张脸

　　FBI特工认为：人的手相当于他的另外一张脸，动作虽不像表情，仍能暴露许多信息。

1. 厌倦表现

　　通常情况下，人们如果感到厌倦，会用手支撑着头部，以免自己会不小心睡着。

　　以演讲为例，当听众做出用手支撑着头的动作时，就表示他们心中已经对演讲话题或是演讲中的某个部分抑或是某句话产生了厌倦情绪，或是对演讲者本身毫无兴趣。

　　当然，听众对演讲者或是演讲本身的厌倦程度与手臂支撑头部的尺度相关。通常情况下，刚开始只是用大拇指和食指撑着下巴，等到厌倦程度上升之后，就逐渐变成用整个拳头支撑着下巴，直到极为厌倦或是兴趣极度缺乏的时候，就会用手完全地把头部托住。

当听众用两只手一起撑着头时，就代表了已厌倦到极致。作为演说者，这个时候最好立即将话题转向轻松活跃的内容。

听众对演讲者或是演讲本身的厌倦程度与手臂支撑头部的尺度相关。通常情况下，刚开始只是用大拇指和食指撑着下巴，等到厌倦程度上升之后，就逐渐变成用整个拳头支撑着下巴，直到极为厌倦或是兴趣极度缺乏的时候，就会用手完全地把头部托住。

2. 急躁表现

急躁表现为人们用手指敲击桌面。许多职业演说家认为这种用手指敲击桌面的动作是厌倦情绪的反应。事实上，FBI发现这是一种误解，这种动作真正包含的信息是急躁。手指敲击的速度取决于听众的急躁程度高低，敲击速度越快，表示听众的心里越不耐烦。

作为演讲者，如果看到听众的这些反应，必须尽快采取措施，让那些敲击桌面的听众将注意力集中到你的演讲中来。否则，这些听众的这些动作所带来的负面反应会很快传给其他的听众。

3. 思考表现

FBI特工发现，人们在思考的时候，通常会将握住的手放在下巴或者脸颊处，有时还会将食指竖立起来。然而，一旦开始对说话人失去兴趣，出于礼貌装作感兴趣的样子，这种手势便会慢慢发生变化。比如，开始厌倦了，原本轻轻挨着脸部的手渐渐成为了头部的支撑。另外，还有表现出兴趣的思考手势，那就是头部保持着直立的姿势，手轻轻地靠在脸颊上。在与人交谈时，如果发现对方将一只手放在脸颊旁边，说明他们正在思考，这个时候，你应该详尽阐述自己的观点，因为这个时候是对方最能消化你的观点的时候。

罗丹的雕塑《思想者》展示了思想者陷入沉思的姿态，然而在这个雕塑中，身体的姿势和支撑着头部的手，却展现着沉思者沮丧的一面。

> 罗丹的雕塑《思想者》展示了思想者陷入沉思的姿态，然而在这个雕塑中，身体的姿势和支撑着头部的手，却展现着沉思者沮丧的一面。

4. 持有不同意见表现

在与说话人产生了不同意见之后，有些人并不会直接表达自己的不同意见，相反仍然装出一副兴致盎然的样子，但是，他们用手支撑着头部，事实上，由于这种动作比较生硬，所以仔细观察你就能辨识出来他们对你的讲话有不同意见。

5. 感兴趣表现

人们在真正感兴趣的时候，手并不是作为头部的支撑而存在的，而是轻轻地靠在脸颊上。如果靠在脸颊上的手竖起食指，同时把大拇指抵在下巴底下，就表示听者的心里产生了与说话人不同甚至相反的意见，当然，听者往往会表达出自己的不同意见。而如果听者不说话并且伴有用食指摩擦眼睛的动作的时候，表示他持续着自己心里的异议，这种姿势时常被演讲者误认为是听众听得入迷的反应，但FBI认为用以支撑头部的大拇指会泄露听者批评的态度。

6. 考虑如何做决定的表现

仍以演讲为例，当演讲接近尾声时，演讲者请求听众们就自己的观点提出意见和建议的时候，听众们往往会停止思考的手势，转而用手抚摸下巴。这个动作是表示他们正在考虑如何做出决定。

人们抚摸下巴考虑该如何做决定之后的动作格外重要，因为这些动作通常会预示着他们会做出怎样的回答。作为演讲者，这个时候尤其要冷静观察，努力捕捉他们的身体语言所传达的丰富信息。

> 人们在抚摸下巴之后，双臂和双腿彼此交叉，或者后背紧紧地贴着椅背，那么他的意见很有可能是反对的。

比如，人们在抚摸下巴之后，双臂和双腿彼此交叉，或者后背紧紧地贴着椅背，那么，他的意见很有可能是反对的。这个时候，如果你能够借助准确的预判，抓住机会抢先发话，重新申明自己的观点中最有说服力的部分，那么，很有可能会改变这类人的看法。然而，如果等到人们已经提出了反对意见再进行申辩的话，你便处在被动之中了。

如果对方在抚摸下巴之后，双臂舒展身体前倾，或是拿起了你提供的诸如建议书、试验样本之类的材料，那么表明他的意见很有可能是肯定的。在这种情况下，你完全可以把这些动作理解为对方对你意见的默许，然后放心大胆地继续发表自己的观点及见解。

7. 迟疑表现

当然，并不是所有人都在出现思考的手势之后便紧接着做出抚摸下巴的动作。

比如，有些戴眼镜的人可能会把眼镜取下来，用嘴角触碰一端的眼镜架，或是轻轻咬着镜架，默默地沉思。有些抽烟的人会缓缓地吐出一口烟。注意，这些动作都是迟疑的信号。再或者当你向某个人征求意见的时候，看见他把笔或者手指放在嘴唇

> 有些戴眼镜的人可能会把眼镜取下来，用嘴角触碰一端的眼镜架，或是轻轻咬着镜架，默默地沉思。有些抽烟的人会缓缓地吐出一口烟。注意，这些动作都是迟疑的信号。

中间，那就表示他还在犹豫和迟疑，需要更多的时间或是信息帮

助他做出决定。

当然，厌倦表现、思考表现、做决定表现和迟疑的表现并不一定是分开表达，有些时候人们会同时表达内心复杂的心理，也会同时做出上述动作。

不同的手势代表了组成当事人意见的不同要素。比如说，思考的手势原本是将手靠在脸颊旁，但有人会把手移到了下巴旁边，并且用手抚摸着下巴。思考的手势与抚摸下巴的手势如果同时出现，就表明此人正在一边思考你的提议，一边总结自己的结论。

8．厌烦表现

在对某人或某事感到厌烦的时候，人们通常会做出抓挠后颈和拍击头部的手势表现，意思是："真是烦人啊！"

拍击头部很好理解，说明某人对某事十分头疼，而抓挠后颈是什么意思呢？人们对某人某事产生厌烦的情绪时，脖子后面微小的肌肉组织就会呈现乳突状，这种身体上的反应是从远古时代延续下来的。

人类还没有进化为直立行走的智人之前，浑身都有着浓密的毛发帮助御寒，在感受到危险临近或者极其愤怒时，脖子后面的肌肉便呈现出乳突状，从而使毛发竖立起来。今天，当我们沮丧或恐惧时脖子后面常会隆起一片鸡皮疙瘩，使人感到刺痒，手会不由自主地去抓挠那块区域，以消除不适感。所以，通过抓挠后颈这一动作是能够准确判断人的厌烦情绪的。

假如你托别人帮你办件小事，然而对方却把你所托之事忘了，当你向他问起事情办得怎么样时，他很可能会用手拍着前额或者后颈，这看似是他在表示自己的歉意，实则不然，这主要取决于他的动作的细节：如果他拍着自己的前额，说明对于自己的健忘，他并不是特别在意，也不太担心你会兴师问罪；如果他捂住后颈，那就表示你的提问已经让他的脖子后面起了鸡皮疙瘩。因而，他表面是在责怪自己，而心里则是在厌烦你。

假如你托别人帮你办件小事，然而对方却把你所托之事忘了，当你向他问起事情办得怎么样时，他很可能会用手拍着前额或者后颈，这看似是他在表示自己的歉意，实则不然，这主要取决于他的动作的细节：如果他拍着自己的前额，说明对于自己的健忘，他并不是特别在意，也不太担心你会兴师问罪；如果他捂住后颈，那就表示你的提问已经让他的脖子后面起了鸡皮疙瘩。

事实上，身体语言会对人们的情绪造成影响，一个人维持一种姿势的时间越长，那么他心中批评或是不满意态度就会持续得越久。因此，当你识别到对方厌烦、不满意的信号以后，必须立即采取行动，或者是把对方带入正在进行的话题之中，或是中止自己的发言，也可以随便拿一样东西，递给对方，让他在不知不觉间改变自己的姿势，姿势的改变必定会促使他的态度发生改事实上，身体语言也会对人们的情绪造成影响，如果一个人维持一种姿势的时间越长，那么他心中批评或是不满意态度就会持续得越久。因此，当你识别到对方厌烦、不满意的信号以后，必须立即采取行动，或者是把对方带人正在进行的话题之中，或是中止自己的发言。也可以随便拿一样东西，递给那位有异议的听者，让他在不知不觉间改变自己的姿势，姿势的改变必定会促使他的态度发生改变，也使得谈话能够进行下去。

变，也使得谈话能够进行下去。

还有，人们在日常的交往交谈中的手势不同，性格与心理状态也不同，如果你想要像FBI探员那样在不同的情境下准确解读对方的手势含义，必须经过长期的积累，培养敏锐的观察力，使得自己在人际交往中能够从手势上确认对方的性格或是他在某个时间段的真实想法。要想做到这一点，唯一的办法就是仔细观察对方的每一个手势，并且从整体上分析他内心的真实想法，最终达到解读其内心世界的目的。

◀ 简单握手有奥秘

从严格意义上说，握手中的奥秘并不是FBI探员发现的，因为作为交流方式，握手从原始社会时期就已经出现，握手早已被人们熟知，而FBI探员所做的，只不过是将这个奥秘进行了具体的、系统的分析，以便在工作中更好地利用。

早在原始社会时期，部落首领在友好的气氛下见面的时候，首先会做的动作就是伸出手臂，同时摊开手掌，目的是要向对方表示：自己的手中没有武器。到了后来，人们经常将凶器藏在袖子里，所以，为了保护自己，表示友好的动作从伸出手臂变成

> 早在原始社会时期，部落首领在友好的气氛下见面的时候，他们首先会做的动作就是伸出手臂，同时摊开手掌，目的是要向对方表示：自己的手中没有武器。

了手腕相触。再后来，随着社会的发展，这种古老的、原始的表达友好的问候方式逐渐发展成了富有现代气息的握手新形式，即双手交握、上下摆动。

刚开始的时候，通常只有那些身份以及地位都平等的商人在洽谈买卖的时候才会使用这种新型的问候方式。到20世纪初，这种问候方式开始流行，然而，那个时候握手的使用者仅限于男性，发展到现代世界，握手已经变成了每一个人都可以使用的友好的交流方式以及非常普及的问候方式了。

在今天，在各种社交活动中，人们在见面或者分别的时候，大多采用握手这种方式来问候对方。

无论握手经过了怎样的发展与演变，不得不承认的一点是：握手不只是表达问候这么简单。

在FBI看来，握手早已不仅是一种普通的问候方式了，更重要的还是一种可以透露内心秘密的身体语言。

> 如果对方想要表示友好或者真诚，那么就一定会主动上前握手；然而如果对方从内心里表示不欢迎，但是又拘于礼节不得不握的话，通常都会在伸出手之前表现出迟疑的行为。

比如，如果对方想要表示友好或者真诚，那么就一定会主动上前握手；然而如果对方从内心里表示不欢迎，但是又拘于礼节不得不握的话，通常都会在伸出手之前表现出迟疑的行为。因为，如果执意与对方握手，很可能会加深厌恶的程度，对双方的交往极为不利。所以，当发现对方出现这种情况的时候，最好是等到对方主动伸出手来，这样一来，即使不能改变对方的厌烦，至少不会让对方感到强迫与不情愿。所以说，握手虽然是最为普及的交流方式，然而并不代表它是可以首先使用的交流方式，在没有明确对方是否欢迎自己的时候，最好采用点头致意来替代握手。

在古罗马时代，领导人相互见面无异于一场决战，一场争夺双方控制权的决战，力量较强的一方如果将手臂压到另一方之上，就等于获得了双方交往中的控制权。也就是说，握手也可以传达一种优势地位的争夺意味。

假如你和某个人是第一次见面，那么通常都会握手，而通过这个握手的动作，你可以得到一些信号，同样，对方也可以得到你的动作信号，这些信号通常反映了几种信息：

第一种是强势，也就是感到了对方的控制欲。

第二种是弱势，表示自己完全可以控制眼前这个人。

第三种是平等，你可以感受到自己可以与此人平等相处。

握手虽然是无声的，然而，却能够让人们迅速了解他人心中所想。

事实上，与男性相比，女性对于权力和控制权的欲望显然较弱，而这也许就解释了为何只有三分之一的女性会采用这种制造强势效果的握手方式。

> 在某些社交场合，有些女性会在与男性握手时特意采用一种轻柔的方式以示恭顺，这实际上是她们彰显自身女性特质的一种方法，或者说，她们想借此暗示对方她们有可能会愿意成为"被统治"的一方。

FBI特工还发现，在某些社交场合，有些女性会在与男性握手时特意采用一种轻柔的方式以示恭顺，这实际上是她们彰显自身女性特质的一种方法，或者说，她们想借此暗示对方她们有可能会愿意成为"被统治"的一方。

但是，假如事件发生的背景换成了商务会谈或谈判，同样的握手方法却会给女性商务人士带来极其不利的负面影响，因为其温柔的握手很可能会使男性的注意力全都集中在其女性特质上，而忽略了她作为商业合作伙伴的身份。

FBI特工建议，职业女性如果希望能够赢得与男性平等的地位和信誉，就应当尽量避免诸如温柔的握手方式，或者避免穿短裙和高跟鞋之类凸现女性特质的服饰。

> 恭顺的握手实际上是给对方一种掌握控制权或是想让对方觉得你愿意屈从于他的感觉。比如说，你正在向对方道歉的时候，那么，这样的握手方法无疑是最好的表达方式了。

与制造强势效果的握手方式恰恰相反，如果在与他人握手时将手掌翻转过来，手心向上，那就意味着这个人主动让出了优势地位，将控制权交到了对方的手中。

恭顺的握手实际上是给对方一种掌握控制权或是想让对方觉得你愿意

屈从于他的感觉。比如说，你正在向对方道歉的时候，那么，这样的握手方法无疑是最好的表达方式了。

FBI特工发现，那些从事的职业对双手有特殊要求的人，例如外科医生、艺术家或音乐家，常会刻意地采用轻柔的握手方式，其目的是保护自己的双手。

因此，假如你想对人有更加准确、更加深入的了解，就必须观察其握手之后的一系列身体动作。通常而言，性格恭顺的人其表情和动作往往都会显得比较温和，而具有强烈控制欲望的人其动作和表情则会表现得较为强势。

当两个强势的人相遇，他们之间的握手无疑将成为一场力量的较量。双方会使尽浑身解数，只为压制住对方，占据握手时的有利位置，而结果往往就是，两只手就好像平行于地面的两堵墙，紧紧地贴在一起。由于双方的手掌均保持平行于地面的姿势，所以这样的握手方式会给双方带来一种相互平等、平起平坐的感觉。

握手是人们在见面问好和临走道别时用来传情达意的一种方式，也是人们与他人签署合同或协议时做出承诺的象征，所以，握手应积极主动，让对方感觉到你手心的温暖和内心的友好。

◀ 防御自卫的表现

史密斯在一次跨国绑架营救行动中，偶然发现了双手交叉抱于胸前这个动作所传达出来的保护信息。人在感到有危险降临时，会双手交叉抱于胸前，以保护自己，增加内心的安全感。

人类的祖先早就学会了躲在障碍物后寻求保护和自卫的方法。留心一下身边的孩子你会发现，一旦他们感觉有危险，就会立刻躲到诸如桌子、椅子、门等固定物体或妈妈的身后。

随着孩子逐渐长大，这种遇到危险就躲避的动作也随之变得复杂起来。6岁以后，孩子已经不再像以前那样躲到桌椅背后了，他们渐渐学会了将双臂紧紧交叉抱于胸前来保护自己的动作。当孩子长到十来岁的时候，又学会了掩饰保护，知道可以通过稍稍放松手臂并配合以双腿交叉的动作来隐藏环抱双臂这一动作的自卫性，从而掩饰内心的恐惧。

人的年龄越大，双臂环抱于胸前这一动作的防御性也显得越来越不明显。不过，每当有危险或遇到不愿面对的事情时，有些人仍会下意识地将一只或两只手臂交叉抱于胸前，用自己的身体形成一道防线，抵抗外来的危险，从而达到保护自己的目的。

每当有危险或遇到不愿面对的事情时，有些人仍会下意识地将一只或两只手臂交叉抱于胸前，用自己的身体形成一道防线，抵抗外来的危险，从而达到保护自己的目的。

交叉抱于胸前的双臂可以保护心脏、肺这些重要的身体器官，所以，这一动作很可能是源自人天生的本能。生物学家证实，猴子和猩猩在遇到正面进攻的时候，也会做出同样的动作来保护自己。

所以，不管怎样，有一件事情是可以肯定的：当一个人感到紧张不安想保护自己或不愿接受他人意见的时候，他很可能会将双臂交叉，紧紧抱于胸前，借此告知对方他有些紧张或不安。当然，当你将双臂交叉抱于胸前时，你的可信度也会随之大大降低。

当一个人感到紧张不安想保护自己或不愿接受他人意见的时候，他很可能会将双臂交叉，紧紧抱于胸前，借此告知对方他有些紧张或不安。当然，当你将双臂交叉抱于胸前时，你的可信度也会随之大大降低。

比如在演讲中，如果台下观众的双臂始终保持一种交叉的姿势，这就表明观众并不赞同台上演讲人的观点，并且，观众的注意力已经转移到了演讲之外的其他事物之上。

正因为如此，FBI许多集训中心摆放的都是有扶手的椅子，从而使受训人员可以将双手放松地置于扶手之上，从而减少手臂交叉抱于胸前这一防御性姿势出现的频率。

也许有人会说，双臂交叉抱于胸前已经成了一些人的习惯动作，因为这样的姿势让他们觉得很舒服。事实上，人的任何一种姿势都是与其内心的想法相对应的。换句话说，出现这种动作是对某人或某事持有否定的观点或态度，也或者此人根本就怀有一种防御自卫的心理。

注意，所有的身体语言所传递的信息，无论是对接收者而言，还是对发送者而言，都是一样的。如果某人认为在面对你的时候挺直腰背，将双臂交叉抱于胸前的姿势会让他觉得"很舒服"，那么，就表明了他对你的态度是否定或消极的。因此，在交往的过程中看到这种姿势，一定要留心应对。另外，自己也应该克服这个动作，也许你自己认为交叉双臂十分舒服，但在别人看来你是很难以接近的。

交叉双臂抱于胸前这个动作因性别不同而不同，男性的手臂稍稍向内侧弯曲，但是女性的手臂则恰恰相反，略微向外侧张开。除此之外，男女之间还有一个很有意思的现象，当女性在意中人身边的时候，手臂会保持一种更加开放的姿势，而当她们面对的是带有侵略性或者在她们眼中毫无吸引力的异性时，她们便很有可能会做出双臂交叉抱于胸前的防御性动作。

当某人将双臂交叉抱于胸前时，在潜意识中就像是与他人之间有了一道障碍物，将自己不喜欢的人或物挡在外边。

双臂交叉抱于胸前的姿势在人与人的交流中相当普遍，而且世界各地对这一姿势的理解也几乎完全相同，那就是消极、否定或防御。在自助餐厅、电梯等公共场所或者是众人排队等候的过程中，我们常常会看到彼此陌生的人们在感到不确定或不安全的时候摆出这样的姿势。

也有一种说法，即双臂交叉抱于胸前的人不会轻易地走出自己的世界，而别人也很难融入其世界。

很多演讲者没能成功地将信息传递给观众的原因，就是他们并没有留意到观众们交叉双臂的姿势。而有经验的演说家都明白，如果观众出现了这种姿势，那就意味着自己必须要想办法将自己与观众之间的"冰山"撞开，以吸引观众的注意力，使他们自动改变坐姿，把原本敌对的态度转变为友好态度。

在与他人交谈时，如果看到对方摆出了双臂交叉的姿势，那么你就应该立刻反思到自己是不是表达了与对方不同观点的话。在这种情况下，即便对方口头上表示赞同你的观点，你也一定要停止自己正在进行的话题，因为他的身体语言已经明确地告诉了你，他对你说的话表示反对或不在意。事实上，身体语言比有声

> 即便对方口头上表示赞同你的观点，你也一定要停止自己正在进行的话题，因为他的身体语言已经明确地告诉了你，他对你说的话表示反对或不在意。事实上，身体语言比有声的话语更为诚实可靠。

的话语更为诚实可靠。

想要解决这个问题，除了尽快停止与对方不一致的观点的表达，另外，还有一种简单有效的方法，可以轻松解开对方交叉的双臂，那就是找一件物品交给对方。比如说，你可以在说话的时候，给对方一支笔、一本书、一个手册或是其他的东西，从而使他们没有机会交叉双臂。

乔治从哈佛大学工商管理专业毕业之后，父亲便决定让他参与自己公司的管理事务。股东大会上，虽然股东们都对乔治的到来表示欢迎，但也不约而同地对这个刚刚走出校门的高才生的工作能力表示出一些质疑，对于乔治的父亲直接让他参加股东大会也流露出些许不满。

当然，股东们的反应都在乔治的意料之中。散会后，乔治主动向父亲提出从基层做起，积累足够的经验之后，再来接替父亲的职位。乔治的父亲听了赞许地点了点头，说最近公司正打算新成立一个公关小组，专门负责开发新客户，让乔治做这个小组的负责人。至于小组工作人员，乔治可以从报名的人中任选几名。

让父亲意外的是，乔治在面试的时候并没有先看简历，而是直接让报名者到他面前站成一排。在说明了小组未来的工作目标以及工作难度之后，乔治留下了六人。后来，这六人被公司评价为"疯狂六人组"。他们以极大的工作热情攻克了很多看似不可能的任务，聚集了很多重量级的客户，公司营业额甚至还因此翻了一番。

父亲在喜出望外的同时也好奇地问："乔治，你挑选员工的眼光很好啊，我记得你甚至没有看他们的简历！到底是什么特殊的选人方法让你准确无误地挑出这六名员工？说实话，如果不是你，这六个人也许就将平凡地待在原来的岗位，根本没有机会为公司创造如此多的效益。"

乔治笑笑回答说："其实，当时我说完工作的难度和目标的时候，许多人都低头了，唯有这六个人还维持着双手交叉抱于胸前的姿势。这种姿势表示他们骨子里就很自信，不仅具有强烈的挑战欲望，而且还有很强的主动意识，而这些特质只要加以正确的引导，就能很好地胜任这份工作。"

乔治的父亲听后欣慰地拍了拍乔治的肩膀："看来你在哈佛并不只是学习了企业管理知识，还学会了心理分析啊！"

公司的股东看到乔治在如此短的时间内就做出如此出色的业绩，也都认可了他。最终，乔治顺利地进入了董事会，开始了新的人生。

乔治的成功就在于他抓住了报名者双手交叉抱于胸前的特点。这种人的体内藏有很多"好斗因子"，越是艰难的任务，他们越是想要挑战，并且他们的个性决定了不管中途遇到怎样的挫折和磨难，他们都一定会努力做好这件事情，而开发新客户的工作正是需要他们这种百折不挠、越挫越勇的精神。

◀ 饱含深意的"尖塔"和"连锁"

FBI特工发现，在人们特定的手势之中，有一些是能够迅速传达其内在心理状态的，其中最为明显的就是"尖塔"和"连锁"手势。

众所周知，在日常手势中，"尖塔"手势出现较多，也容易理解，也就是用两只手做出尖塔状，而"连锁"是哪种手势呢？

"连锁"一词并不是FBI特工故弄玄虚，而是因为这个手势的确呈连锁状，也就是双手指尖相对，手掌平行的姿势。

此外，双手紧握也能探察内心活动。有一次，FBI特工审讯一名小偷，就在小偷描述偷盗经历的过程中，他的双手渐渐握在了一起，而且越握越紧，以至于并住的手指都开始发白。他并得如此之紧，以至于看上去他的两只手就好像被焊在了一起一样，

> 并紧双手的动作体现的其实是一种拘谨、焦虑的心理，或是一种消极、否定的态度。

动弹不得。这充分反映了并紧双手的动作体现的其实是一种拘谨、焦虑的心理，或是一种消极、否定的态度。

举起的双手如果并在了一起，即使做此动作者面带微笑，也难以掩饰其心中的失落感与挫败感。

FBI谈判专家曾经针对"尖塔"和"连锁"这两种动作开展过专项研究。结果显示，如果有人在谈判中使用了此两动作，则表示此人已经产生了情绪，并且在他的心中情绪开始蔓延。

> 通常情况下，人们在感到自己的话缺乏说服力，或者是担心自己在谈判中失败的时候，会做出紧握双手的动作。

通常情况下，人们在感到自己的话缺乏说服力，或者是担心自己在谈判中失败的时候，会做出紧握双手的动作。

紧握双手的动作大致分三种姿势：将双手举至脸部，然后握紧；将手肘支撑在桌子或膝盖上，然后握紧；站立时，双手在小腹前握紧。紧握双手的位置主要有两处：在身体的中间部位握紧的双手和在身体的下部握紧的双手。

而"尖塔"和"连锁"这两种动作中，双手位置的高低与人心理活动的强烈程度有十分密切的关系。换句话说，当一个人将两只手抬得很高而且双手紧握的时候，也就是双手位于身体的中间部位时，要想与他进一步沟通就会变得很困难。相比较而言，当他的双手位于身体下部的时候，想要与他交流就会显得比较容易。所以，如果发现对方将手放到了"雷区"时，就需要像破解其他那些消极动作一样，立刻采取行动，用技巧分开原本缠绕在一起的手指，比如为他们提供饮品，或其他一些可以握在手里的物品。否则的话，紧握的双手就会和交叉的双臂一样，将你的所有观点和想法全都拒之门外。

而"尖塔"形的手势如果出现在上下级之间的交谈中，而这一手势代表的是信心或是一种自信的态度。当上级指导下级，或是在给下级提建议时，通常都会在交谈中使用这一手势。从事会计、律师以及管理工作的人更是对这一手势情有独钟。高层管理人员经常会使用这一手势，以此体现他们的身份和自信。惯于使用该手势的人有时候还会将它演变为一种祈祷式的手势，试图让自己看起来就像万能的上帝。

总体说来，如果你想说服对方，或是获得他人对你的信心，你就应当尽量避免使用"尖塔"形的手势，因为这一手势有时候会给人造成一种自鸣得意、狂妄自大的印象。但是，如

> 如果你想说服对方，或是获得他人对你的信心，你就应当尽量避免使用"尖塔"形的手势，因为这一手势有时候会给人造成一种自鸣得意、狂妄自大的感觉。但是，如果你想使自己看起来显得胸有成竹，自信十足，"尖塔"形的手势应该能够派上用场。

果你想使自己看起来显得胸有成竹，自信十足，"尖塔"形的手势应该能够派上用场。

大致说来，"尖塔"形手势分为两种：第一种是举起的尖塔，人们常常会在发表自己的观点意见或说话时使用该手势；第二种是放下的"尖塔"，这种手势表明了自己正在聆听他人的观点和谈话。

相比之下，女性更加偏爱使用放下的"尖塔"手势。因为举起的"尖塔"手势如果配以头部微微后仰的动作通常会给人留下傲慢自大的印象。

虽然"尖塔"形的手势是一种正面的身体语言信号，但是它也同样可以用于消极或否定的场景之中，并且经常会被人们误解。譬如说，你正在向某些人陈述自己的观点，而且对方中的许多人也通过一些动作和手势肯定了你的陈述，例如手掌摊开、身体前倾、点头等等，然而，就在你的陈述即将结束的时候，有些人却开始摆出了"尖塔"形的手势。

如果是放下的"尖塔"，你要谨慎处理了。如果对方接连做了一些否定性的手势或动作，譬如交叉双臂，跷起二郎腿，东张西望或是用手托住了腮帮，然后才摆出了"尖塔"形的手势。那么，就表示他接下来很可能会对你说"不"，从而结束你的谈话。

乔治是一位著名的心理医生，平时同事和病人都亲切地称呼他为"尖塔"医生，因为乔治看病的时候有一个习惯动作，喜欢把十指指尖架在一起，形成"尖塔"的样子。

一次，一位中年妇女来找乔治，她总觉得自己很倒霉，做什么事情都不顺利。在家里，孩子觉得她不够细心，老公觉得她不够体贴；在单位，同事觉得她不够平易近人，上司觉得她没有上进心。对这些指责，她觉得非常委屈，心里也非常难受，便开始寻求心理医生的帮助。

乔治仔细分析了病人的情况之后，告诉她不管是生活还是工作中都要学会注意小细节，不要过于粗心大意。病人听完之后惊讶地说："就这些吗？"乔治说："对，就这些，你回去吧，注意按照我说的做。"

病人犹豫了半天，吞吞吐吐地说，其实她在找乔治之前还看了另外一位很有名的心理医生，那个医生告诉她造成诸事不顺的原因是因为她有些自卑。乔治听后摆摆手，坚持让病人按照自己的要求去做了。

两个月后，这位中年妇女又来了。她高兴地告诉乔治，情况真的有所改善了，她和家人、同事的关系都有了变化。同时，她也有些不好意思地说，刚开始她并没有听从乔治的建议，认为第一个医生说得比较对，她一心一意克服"自卑"的毛病，但一段时间下来，周围人离自己更远了，更不愿意和自己接触了。

后来，抱着试试看的心态，她开始按照乔治的要求做，果然不久就见到了成效。她好奇地问乔治，为什么当乔治得知自己的诊断和另外一位很有名的心理医生不一样时，他还能如此自信？乔治笑笑说："因为我对自己的专业知识和本职工作都很有把握。"

乔治自信的态度不仅帮助他赢得了病人的信任，而且还让他成为同行业中的翘楚。如果这个病人早些知道十指指尖架在一起代表的含义，她就不用再在两个心理医生之间犹豫不决了。

> 萨达姆在讲话的时候，经常会出现两手指尖架在一起呈尖塔状的动作，这是他自信时的表现。而庭审的30分钟里，这个手势一次都没有出现过。所以，不管他表面上如何挑衅和反抗，实际他的内心已经被击溃了。

其实，用手指的动作来分析人内心活动是很多心理学家常用的"招数"。据英国广播公司报道，萨达姆在法庭上露面时，亚特兰大心理学专家帕蒂·沃德表示，萨达姆内心已经被瓦解了。最有力的证明就是之前萨达姆在讲话的时候，经常会出现两手指尖架在一起呈尖塔状的动作，这是他自信时的表现。而庭审的30分钟里，这个手势一次都没有出现过。所以，不管他表面上如何挑衅和反抗，实际他的内心已经被击溃了。

从谈话中
"窃取"秘密

第三章

　　对犯罪、嫌疑人进行审讯是 FBI 特工经常会做的事，既然是审讯，那么就一定要说话，在大多数情况下，FBI 特工的目的并不是听目标人物所说话的本身，而是通过他们所说的话读解出身体语言信息，从而对其真实的内心世界进行解读。

◀ 留心谈话内容

FBI特工发现，与人交谈的时候，倘若你留心交谈的内容，再加以对比分析，洞察对方内心活动便不再是难事。

> 通过一个话题探索对方的深层次心理的办法有两种，一种是根据谈话的内容来推测对方的心理活动，还有一种是根据谈话展开的方式来洞察对方的深层心理活动，以此来了解这个人的性格特征。

通过一个话题探索对方的深层次心理的办法有两种，一种是根据谈话的内容来推测对方的心理活动，还有一种是根据谈话展开的方式来洞察对方的深层心理活动，以此来了解这个人的性格特征。

在我们的日常生活中，谈话的种类多种多样，如果想获悉对方的性格和气质，最快的办法就是观察其在谈论话题时和说话时的相关情况。例如，如果某个女人喜欢谈论他人的私事以及自己丈夫的一些脾性秉性，那么通常表明她关心对方的程度很高，甚至把对方当成是自己的化身，因此，她谈论这个人的各种情况就像是谈论她自己一样。

下面让我们看看FBI特工归纳出的几种不同的谈话方式。

> 如果某个女人喜欢谈论他人的私事以及自己丈夫的一些脾性秉性，那么通常表明她关心对方的程度很高，甚至把对方当成是自己的化身，因此，她谈论这个人的各种情况就像是谈论她自己一样。

1. 怀旧的话题

如果某人总是喜欢说怀旧的话题，你会发现潜藏在他内心深处的欲求和对现实种种不满的情绪。他很想忘记现实，所以去追忆往事以弥补现实中的种种不顺心。

2. 话题始终以自我为中心

这种人无论是支配欲还是表现欲都十分强烈，总是我行我素的样子，觉得谁都得听从他的主张。其实，他这样做的原因不外乎是担心主导权落在了别人的手里，这种人是自始至终都喜欢占据优势的人。

3. 谈话中喜欢引用典故或借用他人的话

在谈话中，喜欢引用名人语录和典故的人，通常都是些权威主义者。

引用典故或使用和借用别人的话，不光是用别人的语言来表达自己的意思，还透露出一种超越自己以上的东西，一种自我扩张的表现欲。

有些人引用典故是借以强调自己的观点，有些人引用典故则是借此抬高自己身份和扩大影响。

4. 谈话时使用恭敬语

一个人想要在社会生活中处事得体，那么，恭敬语便是不可缺少的言语工具。但是，如果故意使用不自然的恭敬语，则表示说话者在心理上存在某种不平衡。

在一些无关紧要或熟悉的人际关系中，通常情况下没必要使用恭敬语。不过，当你发现与你关系很亲密的人遇见你的时候突然用恭敬语，那么你就不得不小心着点了。

特别是如果一个人过分地使用恭敬语言时，就可以表现出他带有激烈

特别是如果一个人过分地使用恭敬语言时，就可以表现出他带有激烈的敌意、嫉妒、轻蔑以及警戒心理。如果你的一个朋友突然对你特别恭敬，很可能是和你的距离越来越远，甚至他还有可能对你产生了轻蔑与嫉妒的心理。

的敌意、嫉妒、轻蔑以及警戒心理。如果你的一个朋友突然对你特别恭敬，很可能是和你的距离越来越远，甚至他还有可能对你产生了轻蔑与嫉妒的心理。

以上这些都是常见的谈话主题或讨论内容，也是最能让人看出说话者心思的时候，当然，还有许多谈话内容会表示这样或那样的不满甚至或是其他的动机。

只要留心谈话内容，是可以读懂说话者所表达出来的意思。

◀ 识别他人说"不"的方式

在正常交际中，并不是每个人都愿意直接地表达出"不"的态度，比如"不""不要""不想""不喜欢""不行"，等等。所以，在谈论或是交往中，有必要留意谈话内容是否包含了"不"的意思，也就是拒绝的意思。

> 当你询问某人是否喜欢某件衣服的时候，他选择沉默不语；或是当某人收到了你的书面邀请后沉默不言……
>
> 这些可以很充分地表示他的"不喜欢""不乐意"的态度。

FBI特工发现了日常生活中人们表示"不"的几种方式。

1. 沉默态度

当你询问某人是否喜欢某件衣服的时候，他选择沉默不语；或是当某人收到了你的书面邀请后沉默不言……

这些可以很充分地表示他的"不喜欢""不乐意"的态度。

2. "另有选择"态度

你问某个人："这本书如何啊？"如果他的回答是："这本书很好，但是我更喜欢……"那么，对方的态度也就不言而喻了。

3. 拖延态度

你问某个人："今晚可以来我这吗？"
答："今天恐怕不行，还是下次吧？"
对方的态度表明拖延。

4. 推托态度

问："您有兴趣购买我们的产品吗？"
答："这个东西真的很不错，就是太贵了，我再看看。"
对方的态度表明推托。

5. 回避态度

你问某人："你觉得那个人的帽子怎么样？"
答："哦？我没有注意。"

对方的态度表明故意回避。

6. "转移话题" 态度

问：" 今天晚上你都干啥了？"

答：" 唉，你怎么又抽上烟了？"

对方的态度表明不予回答。

生活中的人随时都有可能得到他人的拒绝，FBI特工认为，很多人的拒绝不是直接的，所以是需要通过谈话过程读懂的。

从说话习惯中见"端倪"

FBI特工认为，快速读懂人心的方式有很多种，而从解读说话习惯也可看出"端倪"。

每个人的说话习惯都不尽相同，每一种说话习惯又有着不同的意思，说话习惯包括很多种，比如口头禅、经常说错话、喜欢散布谣言等。

FBI特工经过观察研究认为，口头禅最能帮助人们快速读解他人内心世界。口头禅有许多种，因人而异，大致总结起来，可分为以下几种：

1. "某某说"

谈话中喜欢引用某某说或是他人说，将"某某说"或是"他人说"挂在嘴边的人，在心理和精神上往往尚未独立。特别是有些女士经常借用母亲的话来表现自己的想法，比如"我妈妈说你真的很不错"等等，表明此人可能尚未成熟，没有完全独立的个性。

2. "但是……"

当对别人说的话表示不认同，或者持否定的态度时，很多人便使用"但是"这个转折语；当认为对方所说的是错误的，想要反驳或推翻他人的言论时，有些人也经常使用"但是"这个词语。

然而有一种人，不论什么时候，都喜欢使用"但是……"来作为开场白。一般在"但是……"后面所接的句子应该是否定的，但仔细听他们接下来所发表的意见，其叙述的内容与前面的人所述大同小异，这种时候本来没有使用"但是"的必要，而他们之所以如此，只是因为不想一直扮演"听者"的角色，希望将谈话的焦点转移到自己身上。

这种老爱说"但是"的人，心中实际上是存有否定对方的攻击心理。正因为如此，这一类型的人常常滥用"但是"这个词，目的是为反对而反对，为否定而否定。如此一来，原本愉快的谈话会变得索然无味。

3. "所以说……"

常把"所以说……"挂在嘴边的人，是经常会把之前自己说过的话加以强调并爱下结论的人。他们认为自己在一开始的时候就已经了解了所有的事情，颇有先见之明。因此当他人说出事情的结果时，他们会说："我之前不就说过了吗？我早知道结果会是如此。"特别强调自己对事情的发展早已经了如指掌。他们态度表现得非常强硬、傲慢，并且喜欢将所有的功劳往自己身上揽。

4. "对啊"

"对啊"这个词语是用来肯定对方说的话，这是毋庸置疑的。

还有一些人喜欢用"对啊"附和他人，或奉承他人。

5. "嗯！对啊，就如同你所说的"

"嗯！对啊！就如同你所说。""对啊，确实是这样，我也有同感。"

类似这些用来赞同对方、认同对方的话，会让对方听起来格外舒服、顺耳，非常高兴地以为原来你的看法和他一样。

持有这种口头语的人不属于自我意识强烈的类型，个性表现上也不强硬，更不会勉强别人顺着自己，他们通常比较能体会别人的心情，有换位思考的胸怀。

6. "常说错话"

FBI特工在研究大量心理学资料再结合现实情况分析后认为，说错、听错，或者是写错等等"错误行为"，都是不小心将内心真正的愿望表现出来的行为。

> 说错话的一方会找出自己是"不小心""不是真心的"等等借口，但事实上，那不小心说错的话，其实才是真正想说的。这些在我们的日常生活中，可以说是屡见不鲜。

通常，说错话的一方会找出自己是"不小心""不是真心的"等等借口，但事实上，那不小心说错的话，其实才是真正想说的。这些现象在我们的日常生活中，可以说是屡见不鲜。

由此可知，常常说错话的人，大部分是习惯性地隐藏真正自我的人。而且，他们很强烈地压抑着自己，以免把这些真心话表露出来。

"这件事绝不能讲出来""这件事绝不能弄错，非小心不可"。当人越这么想的时候，便越容易将它说出来。就像很多人在日常生活中，也会遇到类似的情形，越是被禁止的东西，就越容易受到人们的关注。

总之，暗藏在人们内心的许多事情，当你越想要去隐瞒它、掩盖它的时候，就越容易说错话或做错事，让人在无意之间把真实想法表露无遗。

7. 常说粗话

有时，男人们在一起聚会的时候，常说些"有伤大雅"的粗话，尤其是涉及禁忌的词汇更是有人"偏爱"，好像只有这样才能体现出男子汉的气魄。其实，这类男人是因为内心的欲求不满而粗话连篇的。

喜欢讲污言秽语的人，往往是由于某些方面的欲求得不到满足。他们在心理上时常是焦躁不安的，又没有办法去排解，所以长年累月积累起来，只要碰到偶发小事件，就会借题大肆发挥。

> 喜欢讲污言秽语的人，往往是由于某些方面的欲求得不到满足。他们在心理上时常是焦躁不安的，又没有办法去排解，所以长年累月积累起来，只要碰到偶发小事件，就会借题大肆发挥。

有时候，即使说粗话的人不是有意的，但对听话的人来说，却在心里结了个疙瘩。听者首先可能会产生"岂有此理""不像话"的感觉，进而演变成以更恶毒、更刺耳的话语来反击对方，最后出现了愚蠢可笑的"骂街"场面。

还有一种人有故意在异性面前讲粗话的"嗜好"，其乐趣在于观看对方的反应。对他们来说，说粗话只是前奏，观看异性的反应才是他们真正乐趣之所在。这种人常常并未考虑自己的行为会招致何种后果，只是一味地"借机"吐出心中不快，至于是否会伤害他人，便考虑不到了。

可见，所谓说粗话，只不过是为发泄内心不满，一般并不具有特殊意义，当然，除了想要给予他人打击或蓄意说攻击性言语外，对于他人的粗言恶语，最好充耳不闻。

近年来，有些女性毫不逊色于男人，也学会了激烈地口出秽言。一些女性甚至说得比男性还要露骨还要难听，有些甚至是下流话，且说时面不改色。

很多人认为从外表温文尔雅的女性口中，说出如此没有修养的语言，实在让人寒心。但是，如果站在女性的立场上看待这种现象，就会明白和男性一样地说粗言恶语，可以给她们一种与男性"并驾齐驱"的感觉，这也是女性的心理特征。

> 孩子们彼此都知道"那种话"并没有恶意，只是一项"游戏"罢了，而这种"游戏"可以满足他们摆脱父母教训的逆反心理，可以让他们感到自己也能和大人们说一样的话，自己也像个大人了。

孩子们特别是男孩子为什么爱说粗话呢？要知道，孩子们如果在父母面前说粗话，毫无疑问会受到严厉的责骂。所以，说粗话通常变成了孩子们之间在相互游戏时的通用语。孩子们彼此都知道"那种话"并没有恶意，只是一项"游戏"罢了，而这种"游戏"可以满足他们摆脱父母教训的逆反心理，可以让他们感到自己也能和大人们说一样的话，自己也像个大人了。

8. 辩论

有的人在辩论时，总爱摆事实，讲道理，事实摆得清清楚楚，道理讲得一条接一条，说得人心服口服。这种人稳健大方，思路清晰，反应也快，看问题能抓住本质，而且态度从容，不紧不慢，为人做事有理有据，可委以重任。

另有一种人，在辩论中说得别人哑口无言，或者说得别人拂袖而去，不愿再跟他说话。从这个意义上说，他是胜利者，但不是善辩者，因为他只是依靠犀利的言辞战胜了对方，而没有真正让对方心服口服。

还有一种人目光尖锐，头脑敏锐，能迅速抓住他人讲话的漏洞而伺机反驳，一张嘴能把黑说成白，把错说成对，尽管对方知他无理，却在一时之间找不出确切的话语来驳倒他。

人与人交谈时，如果大家见解一致，就如涓溪流向大河，彼此和谐融洽。当意见相左，争了几句就离开，或者彼此模棱两可，谈得不冷不热，渐渐地因尴尬而止，这是不善与人交谈的人的表现。这种人说话被动，别人问一句答一句。但当说到他感兴趣的话题时，立刻就像换了一个人似的，侃侃而谈，语若滚珠，甚至会激动起来，仿佛于寂寞山中遇到知音。这种人对生活有激情，苦苦钻研自己的兴趣所在，会成为某一领域的专家。他们不喜欢热闹地方，而爱清静自处，没有太多物质欲望，适合搞研究工作。

而善于交谈的人当发现对方听不进自己说的话时，会立刻转换话题，或采用迂回战术，先说些对方爱听的话，找到对方感兴趣的话题，取得对方的认同后，再逐渐地回到刚才的话题上来。这种人容易赢得他人的好感，而且意志坚定，善于思考，敢说敢做，且有毅力坚持到底。他们办事能力强，会察言观色，适合担任社会职务。

言为心声，从辩论的不同风格中，可以看出人的不同性格。

9. 说人是非的人

在生活中，我们经常能听到这种话"喂！你知道吗?××部门的李斯特和前台小姐，好像有什么暧昧不清的关系。"像这种对公司的地下恋情、"内部情报"非常清楚，喜欢嚼舌根的人，相信在每家公司中都应该有一两位吧!

这是一种爱夸大事实的人，其实他们的用心大都是很单纯的，他们谈论的内容只是希望引起周围人的注意，成为众人瞩目的焦点，并且希望在聊天时所有的人都会把注意力放在他身上。因此，针对众人感兴趣的话题，他们便不厌其烦地添油加醋，让话题听起来更富戏剧性、更具趣味性，其目的不过就是希望引人注目如此而已。

可是，当身边的人发现，这些人所叙述的内容与事实不符合时，便会对他们横加指责。这类人为了掩饰自己的过失，通常会用巧妙的方式蒙混过去。从另一个角度来看，他们在编造故事方面的确具有超凡的才能。

还有一些，在自己的谣言被识破后，不但不反省自身，反而将矛头指向拆穿自己谣言的一方。

这种喜欢说人是非、道人长短的人，有许多都是因为嫉妒心以及偏见等心理因素造成的。他们喜欢拿别人和自己做比较，例如"那个人好像买了新房子""这次不知道谁会升职"等等，他们无时无刻不在注意他人的动态，然后与自己比较。这种类型的人和主张"我就是我"的"我行我素派"的人正好相反，总是会在意他人所做的事情。

10. 找借口的人

很多人无论做错事还是忘记了事，喜欢找借口替自己开脱，把自己的问题原因转嫁给他人他事，来维护自己的自尊心，这种心理机制被称为"防卫机制"或"自我防卫机制"，找借口的人多数是为了隐藏自己的心理活动。

> 很多人无论做错事还是忘记了事，喜欢找借口替自己开脱，把自己的问题原因转嫁给他人他事，来维护自己的自尊心，这种心理机制被称为"防卫机制"或"自我防卫机制"，找借口的人多数是为了隐藏自己的心理活动。

不管出了什么事马上找借口的人，是缺乏自信的表现。这些人大多爱面子，过于在意他人的看法，不愿坚持自我喜欢而遵从周围人的意见。他们以为即使犯的是小差错，也会被人耻笑，所以最好是顺着别人的想法办事，万一失败，也不致一个人受指责。

归根结底，找借口的目的就是要把自己不够努力和行动力不足的缺陷正当化。

11. 负面效果的谈话方式

这种方式也在生活中常常出现，比如说：对公司和上司牢骚满腹，一张嘴就是抱怨。牢骚和不满多的人，一般比较消极，缺乏行动力，他们不过是靠发牢骚和不满来泄私愤而已。

"我早就知道会这样""那时我就知道不行""从一开始我就知道会是这种结果"，这类说法多是用来表达一种否定的意见和情绪。如果是为了反省自己还情有可原，但如果一贯是这种腔调，有时人们会想问他："那你为什么不早告诉我？"他可能会这样回答："不是上司不同意嘛！"总之他的意思是："原来我就是这么想，结果应验了。我有先见之明，而造成这样局面的原因是他人无能。"

爱发表这类言论的人大多是"事后诸葛亮"，缺乏责任意识和担当精神，不能委以重任。"那时要是这么办就好了""那么好的机会，要是不回绝就好了"以及"那时我要不那么固执，就不会和女朋友分手了"等等。

事实上，他们想说的是："如果当时采取了另外的行动，结果就会不同。"这么说的人其实性格消极，缺乏行动力，结果往往是丧失机会而导致失败。

◀ 识谎的几个小秘密

FBI特工在多年的审讯过程中，发现谎言并不是一定要事后验证才能察觉的，在有些情况下，在谎言发生之前也可读解到。

生活中，别人所说的许多话中，有相当一部分都是不真实的，同样，我们说话也不可能全都是真话，在这些不真实的话中，时常还夹杂着"胡话"、捏造、欺瞒，甚至也有厚颜无耻的弥天大谎。

据FBI特工统计，我们每天遇见的人当中，有三分之一的人都会撒谎、说假话，换句话说，人们天天都要被三分之一的他人欺骗。这些欺骗和谎言背后藏匿着许多不同的东西，

> 我们每天遇见的人当中，有三分之一的人都会撒谎、说假话，换句话说，人们天天都要被三分之一的人欺骗。

也许是急于结束某一场谈话，也许对谈话对象不屑一顾，也可能有欺诈之心，因此，在日常生活中，我们需要对谎言加以辨别。

当然，辨别谎言也要从身体语言"读"起，通过对一些伴随谎言出现的动作的了解，这样会更容易辨识谎言以及读透欺骗者的动机。

研究表明，男性与女性在撒谎的数量上没有什么区别，然而在谎言的形式上却存在着较大的差异。男性制造谎言，也许是为了给别人留下"美好"印象，而女性撒谎却可能是为了让其他人看她"感觉良好"。

女性比男性更倾向于表达积极的主张，不管是关于她们喜欢与否。所以说，当女性感到心烦意乱的时候，比如，她们在收下一份自己不想要的礼物或者可能为了维护他人的"面子"时，更可能会选择撒一个善意的谎言。

之所以首先介绍男性与女性撒谎者撒谎方式的不同，是想要说明一个不容忽视的事：谎言的生成一定有其原因，这个原因并不是为什么撒谎的原因，而是怎样将谎言说好的原因。换句话说，撒谎者的行为举止在无形间已经出卖了他们，在他们举手投足间，已经将自己要撒谎的信息透露给了别人。即使他们完全不知情，然而各种各样的信号显示，他们已被列入撒谎者的行列。

1．眼睛显示谎言

目光闪烁不定，被大多数人认为是暗藏欺骗与谎言的信号，在他们看来，一个人之所以会在说话过程中出现飘忽不定的眼神，是因为他们的内心为他们的所作所为感到了内疚与忧虑。所以，用眼睛直视被欺骗的人，对于他们来说很难，他们不得不转而看别的地方。事实上，这些只是人们的假想。

> 目光闪烁不定，被大多数人认为是暗藏欺骗与谎言的信号，在他们看来，一个人之所以会在说话过程中出现飘忽不定眼神，是因为他们的内心为他们的所作所为感到了内疚与忧虑。

其实，闪烁不定的目光既能作为谎言的信号，也能作为不是谎言的信号。在说话过程中有着凝视目光的人也有可能是谎言的制造者，因为凝视目光相对闪烁飘忽的目光来说，是很容易控制的，谎言的制造者可以用这种凝视的眼神来强化自己想要对方获得的印象，那就是告诉他或她，自己是诚实的。

另外，当得知大多数人都认为转移目光就是撒谎语言之后，许多的撒谎者便会做完全相反的动作，并刻意更多时注视对方，让对方认为他所说的都是实话。因此，如果你想知道别人是不是撒谎，千万不要仅限于他的眼神是否闪烁不定。在某人比平日里更加专注地看着你和你说话的时候，你也该警惕，他或她可能正在给你说之前编排好的谎言。

还有一个假定的撒谎信号是快速眨眼。当人们变得兴奋或者思维快速运转的时候，眨眼的频率会相应增加。正常情况下，人的眨眼频率大概是每分钟20次，然而，当人们感觉到压力的时候，眨眼的频率可能会提高四到五倍。

一般情况下，撒谎会让人兴奋，由于这时的他们思维很活跃，眨眼的频率自然就会提高，在这种情况下，眨眼频率快与谎言之间的确是有关系的，然而，人们眨眼速度快并不只代表了谎言与欺骗，还很有可能是因为压力过大。

> 当人们变得兴奋或者思维快速运转的时候，眨眼的频率会相应增加。正常情况下，人的眨眼频率大概是每分钟20次，然而，当人们感觉到压力的时候，眨眼的频率可能会提高四到五倍。
>
> 一般情况下，撒谎会让人兴奋，由于这时的他们思维很活跃，眨眼的频率自然就会提高。

2. 手部动作显示谎言

人的手部动作也能显示谎言。比如，焦躁不安以及不自然的手部动作被认为是撒谎的特征。

撒谎的时候，人们会感到不安，这种状态使得手也处在紧张状态中。撒谎的人担心自己的谎言会被戳穿，

> 所谓"适应动作"，就是诸如摸头发、挠头皮或者搓手掌等用来掩饰自己心虚状态的动作。

这种担心会使他们做"适应动作",所谓"适应动作",就是诸如摸头发、挠头皮或者搓手掌等用来掩饰自己心虚状态的动作。

做"适应动作"的情况,通常会在撒谎者要为自己的谎言付出很大的代价时引发心虚紧张或是撒谎者不善于撒谎的时候出现,而更多的时候情况正好相反。因为撒谎者害怕自己谎言被戳穿,所以他们会刻意地控制自己平日里的动作习惯。结果就是:这些撒谎者的手部动作不活跃,甚至有些僵硬。

FBI特工发现,手部动作和眼睛一样,都能被置于意识的控制之下,既然手部动作被置于意识的控制之下,那么它是可以作为谎言的可靠信息来源。

事实上,人的身体除了眼睛和手,其他部分即便同样受着意识的控制,大都不为人们所注意,反而被人们所忽视,所以,手部动作也能提供关于谎言的可靠的线索。

3.腿部动作显示谎言

据FBI特工多年对谎言的研究表明,当人在撒谎的时候,身体的下部所提供的信息比身体的上部提供的信息要多得多。

史密斯曾把其中包括撒谎者的几个人的录像放给其他特工,当被拍摄的是人显示身体的下半部分,那么,观看者就很容易准确地判断出谁在撒谎,因为他们的双腿或是双脚都会有动作,这些动作显示信息,有时腿或脚的一个细微动作也能够彻头彻尾地将他们的主人出卖。

4. 捂嘴动作显示谎言

"捂嘴"动作也被认为是一个掩盖欺骗行为的姿势，这种姿势似乎像是谎言的制造者非常警惕地捂住了事实和真相。

"捂嘴"的动作有很多，有用手完全掩住嘴巴的，也有用手支住下巴，用一根手指悄悄摸一下嘴角。这个摸嘴的动作实际上也是企图掩盖谎言。

5. 摸鼻子动作

还有一个替代捂嘴的更隐蔽的行为，那就是摸鼻子。撒谎者通过摸鼻子能够体会到掩嘴的瞬间安慰，这样也没有把人们的注意力引向自己的风险，因此，摸鼻子显然是掩嘴的替代行为。

还有一个替代捂嘴的更隐蔽的行为，那就是摸鼻子。撒谎者通过摸鼻子能够体会到掩嘴的瞬间安慰，这样也没有把人们的注意力引向自己的风险，因此，摸鼻子显然是掩嘴的替代行为。

虽然在旁人看来一个人似乎是在摸自己的鼻子，但他真正的目的则是想要掩住嘴巴，让对方不再怀疑自己的谎言。

另外一种说法认为，摸鼻子只是单纯的欺骗的标志，这个动作和掩嘴或是捂嘴没有任何的关系。

> 当克林顿说真话的时候，他几乎不碰自己的鼻子，而当他在解释自己与莫妮卡·莱温斯基的问题时便有了摸鼻子的举动，平均每四分钟摸一下鼻子。陪审人员后来将这种现象叫作"匹诺曹综合征"。

比如说，比尔·克林顿就自己是否和莫妮卡·莱温斯基有染的问题接受大陪审团的检控，陪审人员通过观看录像发现，当克林顿说真话的时候，他几乎不碰自己的鼻子，而当他在解释自己与莫妮卡·莱温斯基的问题时便有了摸鼻子的举动，平均每四分钟摸一下鼻子。陪审人员后来将这种现象叫作"匹诺曹综合征"。

这是根据著名的童话人物命名的，童话里的匹诺曹每次说谎之后，木头鼻子都会变长。生理学家通过研究后发现，人在撒谎的时候，鼻子会充血，撒谎者为了使充血的感觉得以缓解，便摸摸鼻子。

当然，FBI特工特别说明，并不是所有触摸鼻子的动作都和谎言有关系，有的时候有的人摸鼻子只不过是紧张的征兆，并不是谎言的信号。

FBI特工曾经做过一次撒谎试验，试验研究表明，有些时候人摸鼻子的举动并不能代表普通的欺骗信号，因而摸鼻子并不是人人适用的欺诈标志，只有一部分人撒谎时会出现此动作。

◀ 说话方式也能读懂对方的秘密

FBI特工发现通过观察一个人的说话方式，也能迅速读懂他心中的秘密。

1. 幽默方式

幽默被认为是聪明与智慧的体现，一个人如果具有强烈的幽默感，那么这个人与不懂得幽默的人相比较，往往更容易取得成就，获得成功。

事实上，每一个人都是具有幽默感的，只不过不同的幽默感的表现方式不同，人们的幽默时常会受到时间、空间等诸多条件的限制。当一个人将他的幽默感表现出来的时候，其性格特点也就自然而然地体现出来。

幽默的表现形式不同，性格特点也就不同。

经常以幽默来打破僵局的人，随机应变能力比较强，反应也比较快，很可能会成为受人关注的对象，这同时也迎合了他们的心理。喜欢用这种方式展现幽默感的人大多数都有着比较强烈的表现欲望，他们希望得到他人的更多的认可和关注。

经常以幽默的方式来挖苦别人的人，大都是心胸较为狭窄的人，这种人的嫉妒心理比较强烈，有些时候甚至还会做出一些落井下石的事情。此外，这种人的自卑心理也较强，他们的生活态度较消极，并且时常进行自我否定。虽然这种人擅长于挑剔以及嘲讽、算计他人，但是他们自己却很少有过真正的开心。

> 经常以幽默的方式来挖苦别人的人，大都是心胸较为狭窄的人，这种人的嫉妒心理比较强烈，有些时候甚至还会做出一些落井下石的事情。此外，这种人的自卑心理也较强，他们的生活态度较消极，并且时常进行自我否定。虽然这种人擅长于挑剔以及嘲讽、算计他人，但是他们自己却很少有过真正地开心。

经常以幽默的方式嘲笑、讽刺他人的人，会给人机智、风趣的第一印象，也会让人觉得他们对事物有着细致入微的观察，能够关心和体谅他人，事实上，这种人是比较自私的，他们在乎的可能只是自己。在为人处世方面，他们会非常小心和谨慎，无论做什么事，他们总想要比别人快一步，对于自己的事情，他们"嫉恶如仇"，一定会想方设法让伤害过自己的人付出代价。这种人有着较强烈的嫉妒心理，看到他人取得成绩或是成就的时候，经常会对其进行贬损或是打击。

经常以幽默的方式自嘲的人，有着非同常人的勇气与胆识，他们敢于进行自我嘲讽，这并非所有人都能够做到的。这种人的心胸大多比较宽阔，他们能够接受他人的意见和建议，并且能够经常地自我反省，自我批评，不断寻找自身的错误，并加以改正。正是由于他们的这种气质，使得旁人容易对其产生钦佩之情，他们也因此有着良好的人际关系。

经常喜欢用幽默的方式制造一些恶作剧的人，性格大多活泼开朗、热情大方，他们活得很轻松，就算是有压力，他们自己也会想办法缓解这种压力。在言谈举止方面，他们表现得相当随和自然，在其他方面，他们也能够应对自如。此种人不喜欢受到任何的拘束，也正是因为这个原因，他们喜欢和别人开玩笑，并且能够在这个玩笑中自我愉悦，在愉悦自己的同时也在感染着他人。

经常为了表现自己的幽默感而事先准备一些幽默段子的人，会在许多不同的场合不厌其烦地说着自己准备的幽默段子。这种人大多比较热衷于追求一些形式化的东西，并且还特别在乎他人对自己的态度。他们的生活态度比较严肃、拘谨，能够很好地控制自己的感情。

现实中有的人的幽默是自然流露的，与事先预备幽默段子的人正好相反。这种人大多是思维活跃的人，他们有着很强的想象力和创造力。他们的头脑灵活，思维敏捷，然而，这并不能让他们在充满条条框框的环境下一展所长，也就是说，在不自由的环境下，他们的幽默是无法表现出来的，他们偏爱自由。他们的生活始终处在发掘新鲜事物的过程，这种人需要通过别人的生活来发掘和完善自己的构想。

以幽默的方式说话的人有很多，通过不同的表现方式，可以体现出不同的性格特点。

> 有的人的幽默是自然流露的，与事先预备幽默段子的人正好相反。这种人大多是思维活跃的人，他们有着很强的想象力和创造力。他们的头脑灵活，思维敏捷，然而，这并不能让他们在充满条条框框的环境下一展所长，也就是说，在不自由的环境下，他们的幽默是无法表现出来的，他们偏爱自由。

2. 打招呼方式

打招呼、问好的方式，也是人们在交往中互相表示友好的一种方式。由于打招呼是人们见面的时候最为简便也是最为直接的礼节，所以极具普遍性，基本每个人都会接触到这种礼节。然而，日常生活中，打招呼的方式有许多，不同的打招呼方式可以反映出不同的性格特点。

（1）打招呼的时候，双方身体的距离能够显示出双方心理上的距离。

在日常生活中，如果可以通过打招呼的方式察觉到自己与对方之间保持的距离，就会很容易读到对方心理状态的特点。

比如说，对方在打招呼的时候，下意识地向后退了两三步，可能他自己认为这种动作是一种礼貌，以表示自己的谦虚，然而这种小动作通常会让人误解是冷漠的表现，甚至通常会导致双方的话题无法展开，更别说彼此打开心扉畅谈了。

对于这种有意拉开距离的动作，我们完全可以将其视作是警戒、谦虚、顾忌等情感的表现。所以，如果在打招呼的时候下意识地保持距离，就表明双方关系有疏远。

（2）一边注视对方一边点头打招呼的人，戒心不浅。

有些人一边注视着对方的眼睛，一面点头打招呼，这种人除了对对方怀有戒心之外，通常还有处

打招呼的时候，双方身体的距离能够显示出双方心理上的距离。

在日常生活中，如果可以通过打招呼的方式察觉到自己与对方之间保持的距离，就会很容易读到对方心理状态的特点。

比如说，对方在打招呼的时候，下意识地向后退了两三步，可能他自己认为这种动作是一种礼貌，以表示自己的谦虚，然而这种小动作通常会让人误解是冷漠的表现，甚至通常会导致双方的话题无法展开，更别说彼此打开心扉畅谈了。

对于这种有意拉开距离的动作，我们完全可以将其视作是警戒、谦虚、顾忌等情感的表现。所以，如果在打招呼的时候下意识地保持距离，就表明双方关系有疏远。

于优势地位的欲望。

这种人在打招呼的时候，他的心理是利用打招呼来揣测对方的心理状态，这种状态中明显含有对对方的戒备心，并且明显是比对方更有优越感的表现。

FBI特工建议，如果想要接近这种人，应该特别注意开放自己的诚意。如果为了接近这种人而在其面前将自己的缺点暴露，不仅不能够达到接近对方的目的，反而会被对方瞧不起。因此，想要接近这种人，一定不能操之过急，应该采取真诚的态度慢慢接近。

（3）打招呼的时候不看对方的眼睛的人，大多数是有自卑感的人。

> 打招呼的时候不看对方的眼睛，大多数是有自卑感的人。

如果你发现某人和你打招呼的时候不看你的眼睛，或者是你看着某人的眼睛打招呼，而对方不看你的眼睛而做应答，你千万不要理解成这个人看不起你，真正的原因可能是对方害怕与你正式地打招呼，或者说对方有十分强烈的自卑感。所以说，这个时候你需抑制自己的情感，以平静心态相对。

（4）第一次见面就热情打招呼的人，想形成对自己有利的势态。

在日常生活中，我们经常会有这样的经历，一个自己从来没有见过面的人十分热情地跟自己打招呼，这种状况往往会让我们大吃一惊。有人会认为这种初次见面就过度热情的人比较轻浮。事实上，这种人大多都是比较寂寞的人，他们非常希望与别人亲近。

也许在酒吧或者是在俱乐部的时候，坐在你旁边的女士，虽然你们是初次见面，可是她却很亲热地与你交谈，事实上，这位女士是为了使现场的气氛变得有利于自己。当然，如果某位女士遇见"见面熟"的男性时，必须要提高警惕，严格提防，小心为妙。

（5）见面频率很高，可还是千篇一律地打招呼。

这种人大多数是自我防卫、表里不一的人，有些人即便是曾经一起喝过无数次酒，甚至是天天见面的同事，然而见面的时候还是千篇一律地打招呼。这种人的性格上有一种特点，叫做自我防卫。

在现实生活中，常常会出现这种情况，有的人接到某人送的礼物时会说："真是太谢谢了，不要这么客气。您的这份盛情实在让我不好意思！"诸如此类的客套是人之常情。

然而，有些人收到礼物的时候，却好像是不知道一样。当送礼物的人不知道送给对方的礼物是否接收到的时候，已经接收完礼物的人见到送礼物的人之后，依然是淡淡地说："早。"只有等到旁边没有人的时候，他才会对送礼物的人说："你送的礼物我收到了，谢谢你。"

这种人认为自己占据重要的位置或是自认为自己的位置很重要，所以自己的言谈不能太随便了，这种人显然是表里不一的人，另外，这种人也非常看重名誉。

3. 招呼用语

FBI特工认为，通过一个人的打招呼时的习惯用语，可以洞察这个人身上的很多性格特点。需要说明的是，这种能够揭示性格特点的招呼语，指的是你刚刚结识某人的时候或是与熟人相遇时使用较多的一种。事实上，任何一种"招呼用语"都能揭示出说话者的性格特征。

（1）"喂！"

这类人活泼快乐，并且有着充沛的精力，他们渴望受人倾慕，性情直率坦白，思维敏捷，富有创造性，具有良好的幽默感，并善于听取不同的见解。

（2）"嗨！"

乍一看，这类人似乎具有活泼开放的性格特征，实际上，他们却是腼腆害羞，多愁善感，极易陷入为难境地的人。

由于担心出错，他们通常不敢做大胆的尝试。然而在有些时候他们也十分热情，讨人喜爱。这种人和家人或是知心朋友在一起的时候，尤其显得热情。他们晚上宁肯陪心爱的人在家里待着，也不愿意出去消磨时间。

（3）"你好！"

这类人的头脑十分冷静，冷静地得近乎于保守，他们对待工作勤勤恳恳，能够控制自己的感情，讨厌大惊小怪，由于冷静与沉稳，这种人深得朋友们的信赖。

（4）"你好吗？"

这类人大多喜欢抛头露面，他们利用各种机会出风头，以引起他人的注意，他们对自己充满了自信，然而却总是容易陷入迷惘之中。

在行动之前，他们会反复考虑，不轻易采取行动，一旦接受了某项任务，他们会全力以赴地投身其中，不完成任务不罢休。

（5）"过来呀！"

这类人大多都是办事干脆利落的人，他们乐于与他人共享自己的感情和思想，喜爱冒险，还有着谦卑的性格，能够及时从失败中吸取教训。

（6）"有啥新鲜事？"

这类人通常都是雄心勃勃的人，办事计划周密，有条不紊。无论什么事，他们总是喜欢刨根问底，他们还十分热衷于追求物质享受，虽然遇到某种事的时候他们会问个没完，但是他们不轻易表态。

（7）"看到你真高兴！"

这类人性格开朗，待人热情、谦逊，喜欢参与各种各样的活动，他们还是十足的乐观主义者，当然他们常常也会沉溺于幻想之中，这种人会感情用事。

◀ 说话特点的奥秘

　　FBI特工在对人说话的方式、说话的习惯进行深入研究之后，还发现了通过一个人的说话特点解读其内在想法的技巧。

　　也许有人会问："说话习惯与说话特点有区别么？"这两者看起来似乎没有区别，实则区别很大。

　　说话习惯指一个人所说之话的惯性，而说话特点可以是所说之话的特点，也可以是说话行为本身的特征。

　　举例来说，说话像洪钟一样响亮

　　说话像洪钟一样响亮的人，大多有主见、有魄力；说话像打雷那样刺耳的人，大多个性急躁，不擅长处理人际关系，逻辑思维能力也不强；说话轻声细语的人比较安于现状，没有什么野心；说话断断续续的人，大多比较古板，但头脑明白；说话一板一眼的人，考虑事情的时候比较慎重，原则性也较强；说话慢条斯理的人心理很成熟，想问题、看问题有自己的主张和见解，不会轻易被他人说服。

的人，大多有主见、有魄力；说话像打雷那样刺耳的人，大多个性急躁，不擅长处理人际关系，逻辑思维能力也不强；说话轻声细语的人比较安于现状，没有什么野心；说话断断续续的人，大多比较古板，但头脑明白；说话一板一眼的人，考虑事情的时候比较慎重，原则性也较强；说话慢条斯理的人心理很成熟，想问题、看问题有自己的主张和见解，不会轻易被他人说服。

庞德斯特是一家猪肉加工以及肉猪养殖场的老板，有一次，庞德斯特新引进一批种猪。刚开始猪群的状态还算可以，但后来他发现这些猪不爱吃食也不爱活动。

村里一个有养猪经验的村民得知消息后跟庞德斯特说："这好像是猪瘟的前兆，去年山姆大叔的猪场就闹猪瘟，害得好多人家的猪都死了。"

庞德斯特听完后却不紧不慢地说："我看现在的情况，不太像是猪瘟，我上网查一查。"

虽然如此，周围的养猪场的场主还是第一时间得到了消息并相互询问了起来。没过多久，方圆几十里都知道庞德斯特新买的种猪出现了问题。好多养猪场的场主都跑到庞德斯特那里，要求他把场里的猪杀了，以免引起猪瘟。

面对情绪有些激动的养猪场场主们，庞德斯特依旧不紧不慢地说："我已经上网查过了，出现这种现象的原因很可能是种猪吃的东西不对，也可能是受到了惊吓，总之，我敢保证，这不会是猪瘟。"

养猪场的场主们根本听不进庞德斯特的话，仍然坚持要求庞德斯特立即杀死种猪。庞德斯特想了想说："这样吧，如果我们场的猪真感染了猪瘟并且波及各位，那么我就把各位家中死掉的猪按照市场上的价格买过来，这样各位也不会受到损失，你们看如何？"

养猪场场主们听到庞德斯特这么说之后，才放心地各自离开。

几天后，庞德斯特查出猪群精神萎靡的原因是吃了变质的饲料，他立刻更换饲料，并找来兽医投了些药，猪群很快恢复了正常。

庞德斯特是典型的说话慢条斯理型人，想问题、看问题都有自己的主张和见解。他没有轻易听信有经验的养猪户的意见，也没有屈从于养猪场场主们的压力，而是坚持自己寻找原因，最终解决了问题。

FBI特工发现，很多领导者或者有领导潜质的人在说话的时候都是像庞德斯特一样慢条斯理型的人，这不单单是说话习惯使然，更主要的原因

说话语速慢一方面能让听话的一方有更多的时间去理解、消化以及反应，这样也有利于对方和自己进行有效的沟通；另一方面，说话语速慢能给说话者充足的时间考虑好言语或表达方式后再说出来，这样更能达到自己想要的效果，并且还能避免一些不必要的误解，因此这样的沟通交流是最有效的。

是他们有自己的主见。从实际接触来看，说话语速慢一方面能让听话的一方有更多的时间去理解、消化以及反应，这样也有利于对方和自己进行有效的沟通；另一方面，说话语速慢能给说话者充足的时间考虑好言语或表达方式后再说出来，这样更能达到自己想要的效果，并且还能避免一些不必要的误解，因此这样的沟通交流是最有效的。

和说话慢条斯理的人一起共事，要学会适应他们的节奏。这种人工作态度会很好，能应付工作中的突发状况。在意见出现分歧的时候，不要指望能够马上说服他们，因为他们都有自己的主张和见解，不会因为别人的几句话而改变自己的想法。当然他们也绝不是从不听取别人的建议，只不过他们要看清事态的发展和变化，然后再酌情处理。

说话喋喋不休的人就好像上满了发条，一开始就很难停止。这种人一般可分为两种类型：一种是表面看起来特别善于言谈，从他们那里经常能听到很多时下正流行的理论、名词，所以，一开始和这种人接触时会觉得他们是知识渊博又善于表达的人，但时间长了，就会明白他们每件事情懂的都只是皮毛而已，没有什么有深度的看法和评论，总是不停地变换话题；另一种人是确实懂得比较多，而且比较愿意和他人分享自己的心得和体会。所以，遇到他们感兴趣的话题时，会一开口就讲个没完没了。

不管是哪种类型人的"喋喋不休"，他们的终极目的都是向对方炫耀自己。所以，遇到这种类型的人时，最好的办法就是安静地当个听众，不要打断，不要试图插话，也不要责备，让他把想说的话都说完。实际上，当他察觉你有一段时间没有附和的时候，自己就会主动停下来让你说话并且看你的反应。这时，你不妨适当地说几句赞美的话，然后得体地结束谈话。

> 不管是哪种类型人的"喋喋不休"，他们的终极目的都是向对方炫耀自己。所以，遇到这种类型的人时，最好的办法就是安静地当个听众，不要打断，不要试图插话，也不要责备，让他把想说的话都说完。

千万不要认为赞美"喋喋不休者"是一件很丢人的事情。实际上，赞美是对人的一种最好鼓励，是改善人际关系的一种技巧。适当的赞美能帮你拓展"人脉"。因而，只要不过分就行。

说话像连珠炮的人通常都没有什么心计，我们经常会见到说话像放连珠炮，一开口就噼里啪啦说个没完的人。这种人说话像炒豆子一样又快又没有节奏，只要他们一开口，旁人就很难有说话的机会了。

李斯特带着女朋友去看自己好朋友开的画展，由于李斯特和女朋友对绘画的研究不多，到了现场一看，还是抽象画，两人更是有种云里雾里的感觉。

正在百般无聊的时候，李斯特的朋友过来和他们打招呼："你们来啦，随便看啊，这是我近几年画的作品，我把最好的都挑出来了。"

李斯特说："行啊，平时就只知道你喜欢画画，真没想到竟然还能开画展。"李斯特的女朋友连珠炮似地接茬说："有艺术细胞真是让人羡慕啊，我小时候也喜欢画画，不过没坚持多长时间就放弃了。后来认识了李斯特，我跟他说我有这个爱好，他根本就不屑一顾，说这有什么用，是能当饭吃还是能当水喝？"

李斯特听到这里，暗地掐了自己女朋友一下，示意她不要再继续说了。可为时已晚，他的女朋友指着一幅画说："这画的是个线团吗？还是其他什么东西？抽象画好难理解哦，我很怀疑来的人是不是都能看懂。"

事后，李斯特费了好大的力气跟自己的朋友解释："其实，我女朋友说话真的没有什么恶意。"他的朋友笑笑没说什么，但以后李斯特再也没有接到过他朋友开画展的邀请函了。

说话像放连珠炮的人因为说话速度快，根本没有足够的时间来斟酌和思考，更别提顾及他人的感受了。而且太快的语速会泄露很多说话者原本不想泄露的秘密，还容易因为表达不当而引起对方的误解。此外，说话像放连珠炮的人还会在不经意间把双方的交谈变成一方的"演讲"专场，这种不给他人表达机会的"唯我独尊"态势会让对方反感。这些都是这种人"说的比想的多、嘴巴跑在脑子前面"造成的后果。

说话像连珠炮的人表面看上去十分能言善辩，但其实他们大多是思想单纯、没有心机的人，就像小孩子一样。通常当小孩子发现一件能引起自己兴趣的事情时，会不假思索、语无伦次地跟家长去叙述、讨论，说话时就像放连珠炮，而小孩子就是最单纯、最没有心机的人。

在日常工作中，这种人会因为心直口快的性格结交到很多好朋友，但也容易因为说话时没有顾及别人的感受而得罪他人。

当我们在和说话像放连珠炮的人共事时，没有必要因为他们无心的话语而记恨或者觉得受到伤害，更不要因为讨厌这种说话方式而远离他们，因为他们是最单纯、最没有心机，值得交往和信赖的人，而且很可能下一刻他就跑过来跟你掏心掏肺继续噼里啪啦说个不停。但需要注意的是：这类人总是把事情想得很简单，办事情的时候也毛毛躁躁的，而且有时候还夹杂一些小聪明在内。

说谎者的几个常见动作

FBI特工总结了撒谎的人常出现的身体语言。

1. 用手遮住嘴

下意识地用手遮住嘴，表示撒谎者试图抑制自己说出那些谎话。有时候还会用几根手指或者紧握的拳头遮着嘴，但意思都是一样的。

有的人用假装咳嗽来掩饰自己遮住嘴的手势。比如我们在电视上常常看到的扮演强盗或者罪犯的演员，他们在和其他歹徒讨论犯罪计划或者遭

下意识地用手遮住嘴，表示撒谎者试图抑制自己说出那些谎话。有时候还会用几根手指或者紧握的拳头遮着嘴，但意思都是一样的。

有的人用假装咳嗽来掩饰自己遮住嘴的手势。

受警察审讯时，就常常做出这样的动作。

如果一个人在说话的时候遮住自己的嘴，那么，他很可能是在撒谎。如果在你说话的时候，其他人遮着自己的嘴，那就表示他们认为你可能隐瞒了某些事情。

对于会议中的发言人来说，如果在发言的时候看到有听众捂着嘴，那一定是最令他不安的手势之一。遇到这种情况，他应该停止发言并且询问听众："大家有什么问题吗？"或者说："我发现可能有人不太赞同我的观点，让我们一起探讨一下吧。"这样就可以让听众们提出自己的异议，发言者也有机会来解释自己的立场并且回答听众的问题。值得注意的是，听众们双臂在胸前交叉的动作，与遮住嘴的手势有着相同的含义。

用手遮住嘴就如同把食指竖立在嘴唇前说"嘘"的手势一样，都是一种表示非礼勿言、不得罪人的手势。

"嘘"的手势是父母常常对孩子做出的举动。当孩子成为成年人以后，这个手势提醒他们不要随意透露内心的想法。重要的是，你得明白这个手势意味着别人对你有所隐瞒。

2. 触摸鼻子

触摸鼻子的手势也是说谎动作之一，一般是用手在鼻子的下沿很快地摩擦几下，有时甚至只是略微轻触，几乎令人难以察觉。

而当一个人处在不安、焦虑或者愤怒的情绪之中时，鼻腔血管同时也会膨胀，故触摸鼻子成为下意识动作。

3. 摩擦眼睛

大脑通过摩擦眼睛的手势企图阻止眼睛目睹欺骗、怀疑和令人不愉快的事情，或者是避免面对那个正在遭受欺骗的人。

男性在做这个手势时通常会使劲地揉搓眼睛，如果他试图掩盖一个弥天大谎，则很可能将脸转向别处。

相比之下，女性更少做出摩擦眼睛的手势，而大多只是在眼睛下方温柔地轻轻一碰。一方面是因为礼节限制她们做出粗鲁的手势，另一方面也是为了避免擦坏了浓妆。

大脑通过摩擦眼睛的手势企图阻止眼睛目睹欺骗、怀疑和令人不愉快的事情，或者是避免面对那个正在遭受欺骗的人。

男性在做这个手势时通常会使劲地揉搓眼睛，如果他试图掩盖一个弥天大谎，则很可能将脸转向别处。

4. 抓挠耳朵

抓挠耳朵的手势即通过用手盖住耳朵或者拉扯耳垂，来阻止自己听到那些不愿听到的话语。

小孩子为了逃避父母的责骂会用两只手堵住自己的耳朵，抓挠耳朵的手势则是这一身体语言的成人版本。

抓挠耳朵的手势有多种变化，包括摩擦耳廓背后，把指尖伸进耳道里面掏耳朵，拉扯耳垂，把整个耳廓折向前方盖住耳洞等等。

当人们不想听某些话或者是已经听得太多的时候，很可能做出抓挠耳朵的动作以表示厌烦。事实上，这个动作与触摸鼻子的手势一样，也意味着当事人正处在焦虑的状态中。

5. 抓挠脖子

抓挠脖子的这个手势，通常是指用食指抓挠脖子，换句话说，如果某人抓挠着脖子说"我非常理解你的感受"，事实上，他并没有真实理解，因而抓挠脖子被视作谎言或是敷衍的象征。

6. 拽拉衣领

拽拉衣领动作以男性居多。原因是谎言会让人的面部以及颈部神经组织产生刺痒的感觉，这样人们不得不通过摩擦或者抓挠的动作来消除这种不适感。

这种现象不仅可以解释为什么人们在疑惑的时候会抓挠脖子，它还能解释为什么撒谎者在担心谎言被识破时，就会频频拉拽衣领。

谎言会让人的面部以及颈部神经组织产生刺痒的感觉，这样人们不得不通过摩擦或者抓挠的动作来消除这种不适感。

这种现象不仅可以解释为什么人们在疑惑的时候会抓挠脖子，它还能解释为什么撒谎者在担心谎言被识破时，就会频频拉拽衣领。

因为撒谎者心理紧张，增强的血压会使脖子不断冒汗。

7．手指放在嘴唇之间

这个动作与压力大有关系。

人们常常在感受到压力的情况下做出这个手势。

像幼儿会将自己的拇指或者被子之类含在嘴里，作为母亲乳头的替代品。而成年人则表现为把手指放在嘴唇之间，还有像吸烟、叼着烟斗、衔着钢笔、咬眼镜架、嚼口香糖等等，都可以说是此动作的外神品。

大部分用手接触嘴唇的动作都与撒谎和欺骗有关，但这个将手指放在嘴唇之间的手势却只是内心需要安全感的一种外在表现。所以，遇到做出这个手势的人，不妨给予他承诺和保证，这将是非常积极的回应。

> 大部分用手接触嘴唇的动作都与撒谎和欺骗有关，但这个将手指放在嘴唇之间的手势却只是内心需要安全感的一种外在表现。

◀ 吵架泄露内心的秘密

FBI特工发现，观察人们在吵架时的状态，也能探知其内在性格及心理秘密。

性格不同，吵架时的表现也大不相同。有的人吵架的时候精神百倍；有的人则害怕自己生气，竭尽全力去避免争执，即便是无法尽快避免也要尽快结束这场争执；还有些人在吵到最高潮的时候，头脑里只是想着赢，甚至忘了吵架的缘由。如此说来，不同的吵架方式的确代表着不同的内在性格和心理特征。

1. "无所谓"中的秘密

这种人对烦心的事能够视若无睹。他让自己处于高枕无忧、轻松自在的状态，但事实上，他相信，时间可以解决一切，船到桥头自然直。他的想法是对的，因为到最后，和他吵架的人会觉得，自己一个人"穷嚷嚷"实在是自讨没趣，只能"鸣金收兵"。

2．"身体攻击"中的秘密

这种情况通常出现在一方吵架快输了或者是觉得无法再用言语与别人沟通的时候，他就会选择直接的正面攻击。

这种人天生容易冲动，只要事情不如他愿，就会有强烈的挫折感。他会将自己的问题转嫁给他人，甚至责怪对方不该逼自己攻击他。

3．"言辞攻击"中的秘密

用激烈言辞争吵的人非常容易动怒。虽然一开始，他只是针对某一件事而吵，可是很快便扩大到人身攻击。

他会数落对方的每一件错事，甚至攻击对方的"要害之处"。这种做法造成的负面效果有时是无法挽回的，这是因为他在争执时所说的那些话，到最后都会变成无理取闹的人身攻击。

4．"无辜"中的秘密

这种人并不想和对方讨论任何事情，只想保持沉默，做自己想做的事，而且无论对方说什么，都无法让他改变心意，这是一种貌似"无辜"的行为，实则内心非常生气。

5. "让人同情"中的秘密

这种人喜欢有人介入代替他和对方争吵，而且比较喜欢在众人面前吵架，他希望吵架的时候能博得别人的同情和关心，好让众人站在他这边。即使他错了，也有办法赢得同情。无论如何，他总是受伤的那一方。

6. "不动感情"中的秘密

这种人无论在什么情况下，都不让自己流于情绪化的表达方式。这种人是有理性、讲道理、聪明的人，认为激烈、爆发式的反应不过是制造双方情感的分裂。

和这类人吵架没什么意思，因为他永远是"赢家"。他的内心强大，能够通过理性的观点去说服他人。

7. "发泄"中的秘密

这是一种情绪的恣意宣泄。两人对吼，吼到声嘶力竭，然后再以理性的讨论将感觉表达出来。

这种吵架方式需要双方都有相当程度的理解力，同时都有能力收放自如，也就是先放任自己大吼，然后在吵得不可开交之前适时调整自己。

8．"愤怒摔东西"的秘密

对于这种人而言，暴怒和暴力令他兴奋。只要摔碎几个盘子或者花瓶，他就觉得好过些。

他因威胁恐吓而获胜，对手则因害怕而屈服，然后他就得逞了。他像英雄一样，想在争执中获得自尊和自信，可是，想赢的欲望却使他表现得像个婴儿。

9．"最后通牒语"中的秘密

这种人常常以"我无法忍受了，我要离开！"为结束语。其实，他无法忍受的是事情不如他意，而这个最后"通牒"，使他觉得自己威力大增。

不过如果有一天，对方对他说："好！你现在就走，我才不在乎呢！"这时他必须面对现实所带来的恐惧，因为他根本没有勇气离开。

10．"翻旧账"中的秘密

这种人在吵架时会把陈年旧账全部搬出来细数一番。他认为，对方所做的几乎每一件事都是不对的。

这种人有惊人的记忆力和分析力，认为吵架是一种理智的挑战。由于他通常占上风，认为其他人都只拥有普通的记忆能力。

11. "电话对阵"的秘密

这种人认为电话沟通比起面对面冲突，不但让他更能够借声音来发泄心中的怒气，还可以将彼此的敌意局限在两个地方。

这种人不怕因此受到身体攻击，也比较能够控制吵架情绪。他可以随时挂断再打，或等对方再打给他。

12. "搬救兵"的秘密

这种人觉得自己没有能力单打独斗，必须依靠他人的协助，而有些人也的确能够帮助他。

这种人会拼命"搬救兵"，因为他不喜欢输，而四处"拉大旗"是他可以想到的最有效的办法。

13. "沉默"的秘密

这种人对愤怒的反应是：保持沉默。虽然表面上他愉快、开朗，但内心却怒气冲冲。

他不惹是生非，不破坏现状，即使船底有个洞，船开始往下沉，他也宁可选择溺死，而不愿和他人针锋相对。在人际关系方面，他基本上是个悲观主义者。

14. "散布谣言"的秘密

这种人没有信心一个人吵赢对方，而以其他人站在他这一边作为吵架的筹码。除非有人和他站在同一个阵线，否则，他几乎没有勇气表达自己的观点。

15. 留纸条或写信的秘密

这种人觉得自己把想说的话写下来，比开口说要更有说服力。因为这么做能更好地控制自己的情绪，也更有把握让别人听进去自己要表达的意思。

而直接对质会令他感到不舒服，因为他担心自己不是对方对手。他很清楚自己能说什么，因此可以很完整地把想说的话写下来。

观察外相，
体察真实心理

第四章

FBI 特工总会在细微之处揭示出让人们大吃一惊的事情，这并不是因为他们有超自然的能力，而是因为他们懂得如何在细微之处解读那些不为人知的秘密。

在日常生活中，在被人们见惯了的眼睛、嘴巴、鼻子等细小部位上，FBI 特工彰显出了他们过人的观察能力和分析能力。

如果你对此表示怀疑，那么请你现在马上照照镜子，看看属于你的这些秘密。告诉我．你看到什么了？

◀ 观嘴识心

嘴能够发出声音，能够表达我们想要表达的东西，是我们与外界交流的一个重要的器官。医学研究发现，从人嘴的大小和弹性中能够看出一个人的健康程度，甚至还能看出人的行动力与生命力。

1. 嘴的形状

嘴按照形状来分，可以分为以下几种类型。

（1）仰月形

也称新月嘴，唇角上扬。

（2）伏月形

唇角下垂。

（3）四字形

似长方形四字一般，上下唇均厚。

（4）一字形

上唇与下唇紧闭呈一字型。

（5）修长形

嘴形修长。

（6）承嘴形

下唇突出，就像是承住上唇一样。

（7）盖嘴形

上唇突出，盖住下唇的嘴形，正好和承嘴相反。

（8）缩拢形

好比用嘴吹火般的嘴形。

2．嘴的动作

事实上，嘴不出声也会"说话"，也就是说，嘴作为身体的一个器官，并不只是用来表达有声语言的，也可以表达丰富的身体语言。

（1）嘴唇半开或全开。

一般情况下，嘴唇半开表示疑问、奇怪、有点惊讶；嘴唇全开表示惊骇。

在人际交往中，除非人们是为了沟通谈判的需要，否则不要轻易出现这种嘴部动作。

（2）嘴唇闭拢。

这种唇形表示的是和谐宁静、端庄自然。

（3）嘴角上扬。

这种唇形表示的是善意、礼貌、喜悦的意思。

人际交往中，这种身体语言特别能让对方感觉到真诚、善解人意。

（4）嘴角下垂。

这种唇形通常表示的是痛苦、悲伤、无可奈何的心理状态。

（5）嘴唇撅着。

这种唇形一般是表示生气、不满意的意思。这种表情在正式的场合出现，会被认为是不尊重对方的表现。

（6）嘴唇紧绷。

这种唇形大多是表示愤怒、对抗或者决心已定。而伴随故意发出的咳嗽声并借势用手掩住嘴表示心虚，这种情况有说谎的嫌疑。

◀ 鼻子有语言

生活中，人们经常会说"皱起的鼻子"，这是说，在一般情况下，对某人或者是某事表示厌恶的时候，这种动作才会出现。

中国有个成语叫"嗤之以鼻"，即鼻子皱起，表示对某人或某事的轻蔑。

现代心理学的研究表明，在谈话的时候，如果对方的鼻子有稍微胀大的情况出现，那么大多表示他对你有所不满，或者他抑制住了自己真实的情感。这个时候，你要么选择离开，要么赶紧与他积极沟通。

当某人鼻头冒出汗珠时，通常是表明这个人的内心十分焦躁或者是特别紧张。假如对方是个很重要的谈判对手，则表示他是急于达成协议。

如果鼻子的颜色整体泛白，那就显示出对方有畏缩不前的心理。

人在沉思的时候摸鼻子，说明对方的内心正在进行着激烈的斗争，思想正处于犹豫不决的境地。

而听对方说话的时候摸鼻子，则代表了对于对方所说的话抱着不相信的态度，并在思索着对于这些不值得相信的话自己该做何种应对。

鼻子的确具有展示各种复杂情绪的能力。

人在沉思的时候摸鼻子，说明对方的内心正在进行着激烈的斗争，思想正处于犹豫不决的境地。

而听对方说话的时候摸鼻子，则代表了对于对方所说的话抱着不相信的态度，并在思索着对于这些不值得相信的话自己该做何种应对。

对于某一事物或者是某一种难闻的气味感到厌恶，人们常常会用类似"这些东西真是臭气熏天""这个东西像发臭的死鱼一样令人讨厌"的话语来表达，这是人们不愿意将自己内心的真实想法表现出来，以显示自己的豁达，所以在口头上抒发自己的不满情绪，实际上，人的不满情绪不会太被他人发觉，因为他人不会注意到对方的鼻子两边有明显皱痕的特征，而这正代表了那人内心的怨愤与不满。

在文艺作品中，我们经常可以看到"他鼻孔朝天，一副自高自大的神态"，"他仰起鼻子露出轻视的表情"，"他鼻尖朝地，对世界不屑一顾的样子"等有鼻子出现的描写，这说明他人鼻子的动作可以表达"傲慢"一类的意义。

事实上，处在面部中心的鼻子能够给人们提供丰富的身体语言信息是毋庸置疑的，鼻子的动作除了皱鼻子之外，还有歪鼻子、鼻子抖动、鼻孔张合、哼鼻子、嗅鼻子等。

歪鼻子大多表示不信任；而鼻子抖动是紧张的表现；鼻孔张合则代表发怒或是恐惧；哼鼻子则含有排斥的意味；嗅鼻子表面上像是对任何气味都会产生的反应，实际上是一种对某事反感的表现。

人们用手触摸鼻梁，通常是因为正在思考难题或者极度疲劳。用手挖鼻孔，则代表了其内心正处在无聊状态或是遇到了挫折。

在所有有关鼻子的动作中，摸鼻子是最为复杂、包含意义最多的动作。

人们在谈话中摸鼻子主要是因为对方问了一个让自己难以答复的问题，对于这个难以答复的问题，人们的内心通常都会发生混乱，而为了掩饰自己内心的混乱，快速地、勉强地找出一个答案来应付的时候，手就会很自然地挪到鼻子上触摸，也许还会捏它、揉它，特别用力地压挤它。

由于人们内心产生的冲突会给鼻子造成压力而产生不适感，使得人们的手不得不赶快来救援、抚慰它。当然，这种情形时常会出现在不善于撒谎的人身上。

由于人们内心产生的冲突会给鼻子造成压力而产生不适感，使得人们的手不得不赶快来救援、抚慰它。当然，这种情形时常会出现在不善于撒谎的人身上。

有些时候，在考虑某个难题的同时，人的内心有冲突或者因为紧张而使得鼻窦部位产生轻微的疼痛感，人想要减轻这种疼痛感，只有用手指轻轻地捏一捏。

鼻子这个特殊的部位给人们分辨人的性格提供了许多信息，可以通过它的微小的变化解读隐藏在面部表情背后的秘密，让我们进一步地掌握和解读更多的心理信息。

◀ 脸真实表达内心情感

FBI特工发现，观察人的脸部可以达到迅速解读他人内心的目的。

我们时常会看到，天真的儿童在画人的时候，不管他画的是外星人或是其他什么怪人，一定会先画脸。

也许这个稚嫩的孩童还不会画脸以外的其他部位，然而，即便他会画其他部位，也会先画脸。道理很简单，那就是在日常生活中，人的脸几乎是在他人心里的全部印象。

提到某人，我们第一时间想到的

我们时常会看到，天真的儿童在画人的时候，不管他画的是外星人或是其他什么怪人，一定会先画脸。

也许这个稚嫩的孩童还不会画脸以外的其他部位，然而，即便他会画其他部位，也会先画脸。道理很简单，那就是在日常生活中，人的脸几乎是在他人心里的全部印象。

一定不会是此人的胳膊和腿，而是此人有着怎样的一张脸，因此，儿童的绘画首先就是从脸画起。这也是为什么我们能够在孩子们的画中看到那么多只能看见脸而看不到脖子或是身体其他部位的怪异的人。脸具体说明是传达丰富信息的有力证明。

在中国的传统戏曲中，人的性格特征是用各式各样的脸谱来表现的。因而，从一定意义上来说，脸谱也是反映一个人内在情绪以及性格特征的"晴雨表"。

美国心理学家保尔·埃克曼的研究认为，人的面部表情可分为最基本的六种：高兴、惊奇、悲伤、蔑视、害怕、愤怒。也就是说，无论生活在世界的哪个角落中的人，表达这最基本的六种感情的时候，面部表情是基本相同的。

埃克曼曾经将一些欧洲人的照片拿到新几内亚一个处于石器时代的部落中，那里的居民与世隔绝，在埃克曼来到之前，他们从未见过自己部落以外的人，而看着埃克曼手中的照片，他们也能够准确地说出照片上的这些欧洲人面部各种表情的意思。另外，他还发现，天生就双目失明的人，虽然从没有见过其他人的面部表情，可是也能够以同样的面部表情来表达同样的感情，这更能说明人的脸部表情能够最为真实地展现人的内心世界。

研究发现，人的脸部是由七千多块肌肉组成并控制着的，这些肌肉的不同组合能够使人同时表达多种不同的感情，比如蔑视和生气，或是厌恶和愤怒等。

因此，通过分析一个人的面部表情，的确可以看穿此人的心理，以至于解读他是一个怎样的人，这并不是天方夜谭，因为每个人的表情后面，都包含着他的生活经历以及学识修养。

面部表情蕴含着丰富的信息，不同的表情，代表了不同的身份、气质以及不同的心理状态。

（1）脸上泛着红晕。

通常情况下是因为羞涩或者是因为激动。

（2）脸色发青或是发白。

大多是因为愤怒、生气或者是受到了惊吓。

（3）脸上的眉毛、眼睛、鼻子和嘴的充分配合，更能传达极为丰富细致而又微妙多变的信号。

①皱眉。

如果一个人皱眉，一般来说，表示不同意或有烦恼。

扬眉则表现出了某人很高兴、很惊奇等感情。

②眉毛出现闪动。

一般情况下，代表了欢迎或者是对某事的强调。

③嘴唇紧闭。

表示这个人的内心处于和谐宁静的状态，整个人也会显得端庄自然。

④嘴唇半开。

表示此人的内心已经开始出现疑问，也可以表现此人心里的惊讶。

⑤嘴唇全开，表示惊骇。

⑥嘴唇向上。

说明此人对对方充满了善意和礼貌，而自己也处在喜悦的状态。

⑦嘴唇向下。

表示痛苦悲伤以及无可奈何。

⑧嘴唇撅着。

千万别以为这只是他生气和不满意的表现，因为在他的心里已经开始盘算对你采取报复行动了。

⑨嘴唇绷紧。

不只是表示愤怒，还表示了对抗的决心已定。

（5）左脸比右脸更诚实，人的脸部还藏着一个秘密：即说真话的永远都是左侧面。

我们经常在广告牌上看到某位明星的侧面广告，在这些人的广告和海报中，大部分人展现的都是左侧脸，那么，右侧脸为什么不展示呢？为什么左侧脸那么受欢迎呢？难道是左侧脸比右侧脸长得好看？

事实上，是因为眼球本身的右侧更容易移动，所以让人们在观察的时候，视觉容易集中在对方面部的左侧。

嘴唇紧闭表示这个人的内心处于和谐宁静的状态，整个人也会显得端庄自然。当嘴唇半开的时候，则表示此人的内心已经开始出现疑问，也可以表现此人心里的惊讶。嘴唇全开，表示惊骇。嘴唇向上，说明此人对对方充满了善意和礼貌，而自己也处在喜悦的状态。嘴唇向下，表示痛苦悲伤以及无可奈何。

比如说，某人拿着一张没有意义的相片给你看，借此判断你的性格特征，你很容易被照片中人物左侧的脸所吸引。再比如，一张脸谱照片，左边为生气的表情，右边为微笑的表情，当人们看过之后，就会被左边生气的表情所吸引，并且形成一种不易磨灭的深刻印象。

配合眼球的活动，感情在脸部的左边比较容易显现出来。如果用脸的同一边所合成的照片来看，左脸比右脸感情的流露更为明显，倘若你无法抓住对方的心理时，可以尝试着看看他脸部的左侧，这样就能大致知道他心中所想。

左脸比右脸更诚实，人的脸部还藏着一个秘密：即说真话的永远都是左侧面。

我们经常在广告牌上看到某位明星的侧面广告，在这些人的广告和海报中，大部分人展现的都是左侧脸，那么，右侧脸为什么不展示呢？为什么左侧脸那么受欢迎呢？难道是左侧脸比右侧脸长得好看？

事实上，是因为眼球本身的右侧更容易移动，所以让人们在观察的时候，视觉容易集中在对方面部的左侧。

如此看来，"人脸的左侧面永远都在说真话"的说法似乎不妥，因为重点在于观察者的感知，而不是真正意义上的来自左侧面的"真情表达"。

（6）脖子的秘密。

只看脖子以上的人，容易表示友善的态度，性格较为开朗豁达，感情丰富细腻，重视义气，给人体贴的感觉。

只看脖子以下的人，经常会因某事而紧张、神经质，做事的时候没有主见，经常处在迷茫与无助之中。

而观察身体全部的人，善变不定，思维敏捷，十分活跃。

总而言之，对于人面部表情的解读，并不只是局限于较大的变化及动作，即便是面部细微的表情变化，也同样包含着大量的信息。

古希腊哲学家、被后人誉为"唯物论鼻祖"的德谟克利特是一个懂得通过人脸探知内心的人。

有一天，德谟克利特在街上偶然遇见了一位熟识的姑娘，他上前和她打了一声招呼："姑娘，你好！"

第二天，德谟克利特在大街上又碰到了昨天的那位姑娘，虽然姑娘的打扮与昨日一模一样，可是德谟克利特却这样与她打招呼："太太，你好！"

打完招呼之后，德谟克利特转身离去。

事实上，德谟克利特之所以能够一眼看穿那位女士"一夜之间变成太太"并没有什么秘密可言，他只是仔细地观察了那位姑娘的脸色、面部表情以及面部的变化等情况之后得出了这个结论。

这个事例说明，每个人的脸上都有一张反映自己身体和精神状况的"明细表"，脸能够反映出每个人的性格，能够传达诸多复杂而微妙的信息，使得我们能够快速洞穿对方心理。

当然，在现实生活中，这种观察能力是需要通过长期的学习以及实践才能得到的。这种技能并非雕虫小技，而是一种极其重要的读人的本领，通过学习每个人都能掌握这种本领。

每个人的脸上都有一张反映自己身体和精神状况的"明细表"，脸能够反映出每个人的性格，能够传达诸多复杂而微妙的信息，使得我们能够快速洞穿对方心理。

洞察
生活中的玄机

第五章

　　谎言、掩饰、欺骗……这些代表着非真实的字眼在 FBI 特工的眼中似乎并不是寻求真相的障碍，因为敬业的 FBI 特工人员将解读他人内心之道运用于日常生活的细节中，他们会通过一个人的穿着打扮看出他的个性与心理。原因很简单，那就是不同个性的人会选择不同的穿着打扮。

◀ 穿着也能识人

不同个性的人有着不同的穿着打扮，只要留心观察，也会从各式各样的穿着打扮中窥探出他的秘密，了解他的心理状况、审美特色，进而把握其性格特征。

（1）时常穿大方、朴素衣服的人。

这类人性格比较沉着、稳重；为人真诚厚道，学习、工作很认真，办事原则性强，具有高度的责任心；工作起来踏实能干，比较含蓄，不爱张扬；遇事沉着冷静，理智处理。但这类人的不足是，过于循规蹈矩，没有创新能力，缺乏魄力。

（2）喜欢穿单一色调衣服的人。

这类人大多比较正直、刚强；理性大于感性。

（3）经常穿浅颜色衣服的人。

这类人个性比较开朗、活泼。

（4）时常穿深颜色衣服的人。

这类人不太爱说话，性格比较稳重、老练，遇事冷静。

（5）喜好五颜六色、款式独特衣服的人。

这类人通常都有着强烈的好奇心，喜欢成为外人注目的焦点。这种人有时十分任性，不听他人的意见，有独断专行的特点。有时他们爱自作聪明，往往把事情搞得更糟糕。

（6）经常穿过于高档华丽衣服的人。

这类人一方面是地位、经济能力使然，一方面也是追求精致生活之人。还有一些人喜欢自我炫耀。

（7）经常穿流行时装的人。

这类人实则情绪波动会很大。

（8）经常根据自己的喜好选择服装与款式，不受外界干扰的人。

这类人独立性比较强，有超人的判断力与决策力，并具有很强的自主性与毅力，一旦制订了自己的目标，就会努力完成，不达目的誓不罢休。

（9）经常穿同一款式衣服的人。

这类人性格大多比较直率、爽朗，对自己有很强的自信心。这类人态度端正、是非分明；做事认真负责，大胆果断，显得非常干脆利落；对人很讲义气，很遵守诺言。他们还有着清高自傲的特点。

◀ 读懂"展示自己"的心理

当今社会，懂得展示自己的人已经越来越多了。同样是展示自己，如何展示，展示什么，这些都能反映出一个人的内心世界。

FBI特工给我们总结了几点经验，他们认为通过个人展示可以给我们了解一个人内心的机会。

（1）保持本色不做作。

这种人的内在气质是高贵的，他们不会因场合或对象的变化而放弃自己的内在特质，盲目地迎合、跟随别人。

（2）巧妙地展示自己，诚实地待人接物。

这种人在长辈、知识渊博的人面前，不会班门弄斧、自不量力，他们对自己不懂的东西会不耻下问。

（3）不掩饰自己缺陷的人。

自信是他们的宝贵品质，因为对他们而言，能力才是他们的资本。

（4）不否认自己的过错，敢于面对自我的人。

有些人明明知道自己错了，却硬着头皮死不认账，甚至还要为自己争辩，致使矛盾得不到解决，彼此的隔阂不能消除，相互之间的交往是谈不上了，还让人觉得蛮不讲理，像个无赖之徒。

而此种人勇于承认错误，并且知错就改，用实际的行动挽救错误的行为，为自己加分。

懂得展示自己的才能和品德的人，通常都会与人交往表达真诚。他们的真诚体现在各个方面：

（1）真诚的眼睛。

坦荡如水，平静地注视他人，不用躲躲闪闪或目光垂下不敢直视。

（2）真诚的举止。

自然，大方，从容不迫，举手投足间流露出安然之态。

（3）真诚的微笑。

如一缕温馨阳光，充满暖意。而故意挤出的笑，缺少真诚。

（4）真诚的称赞。

称赞发自内心，是心灵之语，不会给人阿谀奉承之感。

（5）真诚的握手。

握手是否真诚在于握手的轻重。握得太重，可能是想表示热忱或有所求。握得太轻，会显得有些轻视对方，或者自己内心自卑。

恰到好处的握手，是大方地把右手伸出去，手掌和手指全面地接触对方的手。

除了真诚待人，在工作和人际沟通中，FBI特工还提醒我们要注意以下几个方面：

（1）耐心倾听。

即使对方说的是你不感兴趣的、甚至非常讨厌的内容，你还是要面带微笑耐心地倾听。

不是很多人都有这样的耐心的，你要懂得尊重别人，懂得基本的礼貌涵养。

（2）不断充实自我。

每个人的知识都是有限的，善于展示自己的人会看到自己的不足，会不断地更新自己，时刻为自己充电。

（3）闲话少说。

很多时候，有人为了展示一下自己，会说很多无关紧要的话，引起一些不必要的矛盾和误会。不说闲话的人，是聪明理智的人，他们并非时刻保持沉默，而是懂得在适当的时候发表自己的观点。

笑背后藏深意

　　每个人都会笑，每个人的脸上都会有笑容，那么笑容背后真的是畅快淋漓的心情或是生活中喜悦与欣然么？事实上，笑容肯定不是单纯表达喜乐的。

　　不同的笑，往往代表着不同的心理及性格。

1. 抿唇笑

　　这种笑多发生在女性身上，当你和某个女性聊天时，她微笑的时候双唇紧闭，那就意味着她不愿与你分享自己心里的秘密，换句话说，在她心里，你是局外人。这个时候，你最好中止与她的谈话或是把话题引向轻松、活跃的方向，否则会招致她的反感。

> 人们在抿唇笑的时候，双唇紧闭且向后拉伸，形成一条直线，在这种笑容中，完全看不见双唇后的牙齿。这种微笑的内在含义是，微笑者可能隐藏了某个不为人知的秘密，或是他不想与对方分享自己的想法或观点。

人们在抿唇笑的时候，双唇紧闭且向后拉伸，形成一条直线，在这种笑容中，完全看不见双唇后的牙齿。

这种微笑的内在含义是，微笑者可能隐藏了某个不为人知的秘密，或是他不想与对方分享自己的想法或观点。

我们在杂志上经常会看到一些成功人士的照片中也有这种双唇紧闭式的微笑。他们似乎是在是向大众说："我已经掌握了成功的秘诀，你们想知道是什么吗？"这么说并不是毫无根据的，在这些成功人士的访谈中，被采访的成功人士们大都会谈论一些如何获得成功的基本原则，然而，他们却很少会将自己获得成功的具体方法和细节公之于众。

2. 歪脸笑

所谓歪脸笑，就是在一张歪着的脸上显现笑容。

如果在这种笑脸的正中间垂直放置一面双面镜，让脸庞两侧的表情通过镜子90度的反射，呈现于镜子之中，你会发现镜子两侧根本就是两种完全不同的表情。右侧脸庞表情经过反射后形成的表情像是咧嘴大笑，而左侧脸庞反射出的则是一种愤怒的表情。

这种歪脸笑大都是人脑意识作用的结果，它所传递的信息也只有一个，那就是挖苦讽刺。

3. 开口大笑

人在开口大笑的时候，嘴张开，下巴低垂，嘴角上扬，给人一种十分欢乐的感觉。

有一些人开口大笑是发自内心的，但有一些人却假装快乐，使对方放松警惕，从而采取下一步行动。

4. 斜瞄式的微笑

这种笑容是在微笑时双唇紧闭的同时，低下头歪向一侧，并且斜着眼睛向上望，这种笑容时常会让人联想到少年时的俏皮和心思暗藏。

这种笑容多见于女性，而女性大多喜欢在异性面前露出这种略有些腼腆害羞的笑容。这种笑容大都代表了寻求关注与呵护。

5. "呵呵"的笑

所谓"呵呵"的笑，就是一天到晚都是乐呵呵的，甚至脸上只有乐呵呵的表情。事实上，这种笑也分两种，一种是善意的、善良的；一种是极具危险的，大多属于冷笑。

不同的笑有着不同的含义，在笑的背后，有的表示厌恶和拒绝，有的表示讽刺挖苦，还有的干脆就是别有用心。

所以，在日常生活与交往中，如果想通过笑解读人心，就要仔细观察发笑者的面部细节。

不简单的"点头"和"摇头"

点头和摇头是日常生活中再普通不过的动作。但聪明的联邦调查局特工发现，"点头"和"摇头"这两个动作能够传达出人内心的心理信息。

1. 点头的含义

点头这个动作大都用来表示肯定或者赞成的态度。

点头的动作源于鞠躬的姿势，用来表达顺从的态度。

许多人从来没有意识到点头这一动作的重要性，事实上，恰当的技巧

点头这个动作大都用来表示肯定或者赞成的态度。

点头的动作源于鞠躬的姿势，用来表达顺从的态度。

可以让点头的动作成为相当具有说服力的工具。

研究显示，如果聆听者每隔一段时间就向说话人做出点头的动作——每次做这个动作时点头次数以三次为宜——就会激发说话人的表达欲望，能够让他比平时更健谈。

另外，点头的频率能够显示出聆听者的耐心程度。缓慢的点头动作表示聆听者对谈话内容很感兴趣，所以当说话人陈述自己的观点时，我们应该向对方缓缓地点三次头，表现出认真深思的态度。

快速的点头动作等于是在告诉说话人，听的人已经听得不耐烦了，或者是催促说话人马上结束自己的发言，以便给听的人一个表达观点的机会。

点头的动作具有两个强有力的功能。首先，由于身体语言源于人们的内在情感，是在无意识的情况下所做出的外在反应，所以，如果你怀有积极或者肯定的态度，那么你说话的时候就会频频点头。

反过来说，假如你在说话时刻意地做出点头的动作，那么你的内心同样会体验到积极的情绪。

也就是说，积极的情绪能够引发点头的动作，而点头的动作也能激发积极的情绪。这两者之间存在着双向的因果关系。

点头的动作还具有相当的感染力。如果有人对你点头，你通常也会向他回报以点头的动作——即使你并不一定同意这个人所说的话。因此，在建立友善关系、赢得肯定意见与协作态度等方面，点头的动作无疑是绝佳的手段。

在跟别人谈话时，你不妨在每句话结束前添上一个反问短句，再次肯定自己的观点。例如"难道不是吗？""你应该也是这么想的吧？""这难道不对吗？"或者"相当公平了吧？"这样边说边点头，聆听者就会和你一起做出点头的动作，于是他的内心由此产生积极的情绪，从而使他很有可能赞成你的意见。

点头的动作还具有相当的感染力。如果有人对你点头，你通常也会向他回报以点头的动作——即使你并不一定同意这个人所说的话。因此，在建立友善关系、赢得肯定意见与协作态度等方面，点头的动作无疑是绝佳的手段。

如果你在谈话时向对方提出了一个问题，那么在听取对方的回答时，你应该边听边点头。当对方回答完毕以后，你可以再点五次头，频率大致保持在一秒钟一次。通常情况下，在你点第四次头时，对方就会再次开始说话，提供给你更多的信息。

而你只需要静静地一边聆听一边点头，同时把手放在下巴的位置，表现出认真思考的样子，这样你就不会有必须开口说话的压力，而且对方也不会对你产生审问者的印象。在聆听的时候，放在下巴上的手不妨做出轻轻抚摸下巴的动作，因为，正如之前我们所说过的那样，这样的动作能够激发别人说话的欲望。

2. 摇头的含义

通过常识我们知道，摇头的动作通常表达"不"的意思。这很可能也是人类与生俱来的举动，而且据进化生物学家们考证，摇头是人降临人世后学会的第一个身体语言。

这种理论认为，当新生儿吮吸了足够的乳汁后，他就会左右摇摆脑袋，以此抗拒母亲的乳房。与之类似，幼儿在吃饱了以后，也会用摇头的动作来拒绝长辈们喂食的调羹。但有时摇头也不完全是"不"的意思。

因此，当有人对你的意见表示赞同，并且努力让这种赞同的态度表现得诚实可信时，你不妨观察一下他在说话的同时有没有做出摇头的动作。如果一个人一边摇着头一边说，"我非常认同你的看法"，或是"这主意听起来棒极了"，又或者是"我们一定会合作愉快"，那么一定要分析此人的真实想法，因为有时不管他的话音显得多么诚挚，摇头的动作都折射

当有人对你的意见表示赞同，并且努力让这种赞同的态度表现得诚实可信时，你不妨观察一下他在说话的同时有没有做出摇头的动作。如果一个人一边摇着头一边说，"我非常认同你的看法"，或是"这主意听起来棒极了"，又或者是"我们一定会合作愉快"，那么一定要分析此人的真实想法，因为有时不管他的话音显得多么诚挚，摇头的动作都折射出了他内心的消极态度。而有时，点头不完全是赞成之意。

出了他内心的消极态度。而有时，点头不完全是赞成之意。

吉姆是一家上市公司的人事部门经理，为了及时得到一些对自己有用的资讯，吉姆经常请老板的秘书莉莉吃饭、唱歌，两人很快成为好朋友。

有一天，公司要提拔一个中层领导，老板让吉姆提交两个候选人的资料。千挑万选后，吉姆把名牌大学毕业的文森特和刚应聘过来但经验丰富的杰弗里的资料交给了老板。资料提交后，吉姆拜托老板身边的莉莉留意一下老板的反应，因为他知道老板会问他的想法，而他希望跟老板的想法一致。

下班后，吉姆约莉莉在咖啡厅见面，莉莉告诉吉姆，老板对文森特比较满意，因为看杰弗里资料的时候老板轻轻地摇了摇头，看文森特资料的时候点了点头。吉姆听后，高兴地回家了。

果然，第二天，吉姆被老板叫进了办公室。当老板问及他的想法时，吉姆毫不犹豫地说："我觉得文森特比较合适。"老板稍微愣了一下，接着问他选择文森特的原因。吉姆说："我觉得他是名牌大学的毕业生，有丰富的专业知识。"老板听后没有说什么，挥挥手就让吉姆出去了。吉姆虽然觉得有些不对劲，但也没多想什么。

第二天，吉姆上班的时候接到了杰弗里被提拔的意见。这时，他才猛然醒悟自己犯了一个大错误。他急忙去找老板，跟老板承认自己是因为得知老板看资料时不同的反应，才会揣测老板的意思给出答案。

听完吉姆的话，老板笑了："我看文森特的资料点头，是因为我觉得他这样高的学历，做了这么久，居然还没有什么大的成就，真是浪费公司的资源和金钱；我看杰弗里资料摇头，是看到他明明已经在自己的专业领域里做出了一些成绩，可公司却迟迟没有给他施展的舞台，很可惜。"最后，老板说了一句："我需要的是有自己主见的人事经理，而不是一味附和老板意思的人。"吉姆听后，惭愧地退出了老板的办公室。

从吉姆的故事中可以看出，人在点头的时候并不一定代表肯定，在摇头的时候也不一定代表否定。所以，一定要先读懂对方的意思再下结论，千万别像吉姆一样莽撞。

除了单一的点头、摇头动作之外，如果对方隔一段时间就向自己做出点头的动作，并且点头的速度较慢，就说明对方对自己谈话的内容比较感兴趣；如果对方快速地点头，除了传达"你说得对""我跟你想法一样"的观点外，还有可能是在表达"不要再说了，我已经没有耐心了"，催促说话者把发言的权利交给自己或者希望赶快结束交谈；如果对方缓缓地摇头，一般表示"我不同意你的看法""我不赞成你的观点"，或者表示"你说的话我没有听懂""我不会被你摆布"等意思；如果对方快速地摇头而且幅度比较小，并且伴随有低头的动作，那很可能意味着他"害羞"了。

◀ "指使动作"，暴露内心

1. 手掌的动作

FBI特工发现，指使动作能暴露内心活动。

当人们为他人提供指示或发布命令，以及与他人握手的时候，其内心的一些想法往往会通过手掌表现出来。

借助手掌来传达的指使动作主要有三种：手心向上、手心朝下以及有一根手指在外的握拳状。这三种姿势的不同之处我们可以通过下面这个例子来加以理解。

比如说，你让某人先搬起某样东西，然后再将它搬到另一个地方去。让我们想象一下，假如你在传达这两项指令的过程中，你的语音语调、你说的话以及你的面部表情都没有任何变化，只有你手掌的动作在不断地发生改变，那么，事情又会发生怎样的变化呢？

手心向上是一种用来表示妥协、服从和善意的手势；同时，这也是乞丐乞讨时惯用的一种表达哀求之意的动作。

从人类社会的发展角度来看，人们通常以此来告知对方：我的手中并没有武器。

> 手心向上是一种用来表示妥协、服从和善意的手势；同时，这也是乞丐乞讨时惯用的一种表达哀求之意的动作。从人类社会的发展角度来看，人们通常以此来告知对方：我的手中并没有武器。

所以，当你向某人提出移动某物的要求时，对方肯定不会因为你的要求而有感到有压力，更不会因此而有被胁迫的感觉。不过，假如你在说话的同时，还配有手部动作，那情况就大不相同了。

如果你希望他人开口说话，你可以向他伸出右手，摆出一个手心向上的手势以示"谈话权的移交"，从而告知对方你希望他能继续与你谈话，而你也已经做好了在接下来的谈话中当听众的准备。

在经历了上千年的演变和发展之后，手心向上这一手势衍生出了不少变体，例如举起一只手并以手掌示人，以及将手掌按压于心口之上等等，都是这一手势的衍生产品。

不过，一旦你将手掌反过来，摆出手心朝下的手势，你在对方眼中的权威性就会立刻大增。当你在说话时使用了手心朝下的手势，对方不仅会马上感觉到你是在命令他将这件东西搬走，而且很有可能会萌生出一种抗拒心理。不过，这种抗拒心理产生与否，最终还是由你和对方之间的关系，或是你与他在生活中的尊卑地位来决定的。

翻转手掌，使原本向上的手心朝下，这样一个看似简单的手势的变化，却能够彻底改变他人对你的看法和态度。

如果你和对方的身份和地位平等，当你对他提出这个要求并做出了手心朝下的动作，那么，他可能会拒绝你的要求。但是，同样的要求，如果你使用的是手心向上的手势，他就很有可能会按照你的要求去做。

2. 手指的动作

伸出手指的动作就相当于"立刻照做，没有商量的余地"。

当你将手握成一个拳头，只留出一根手指时，突出于拳头之外的手指就仿佛凝聚了整个手掌的全部力量，对方马上就会感觉到隐藏在手指背后的那种迫使人妥协的力量。这样的手势往往会在对方的潜意识中制造出一

伸出手指的动作就相当于"立刻照做，没有商量的余地"。当你将手握成一个拳头，只留出一根手指时，突出于拳头之外的手指就仿佛凝聚了整个手掌的全部力量，对方马上就会感觉到隐藏在手指背后的那种迫使人妥协的力量。

种负面的印象，因为该手势之后必然会伴随有举臂、挥拳等动作，而对大多数灵长类动物而言，这通常是攻击对方的前兆。

合拳伸指的动作最容易引发听话人的反感，尤其是当这根手指随着说话人的话语节奏而抖动的时候，这种反感之意就会变得更加强烈。然而，生活中，我们每个人在说话的时候最容易摆出这样的手势。

在大多数人面前，伸出的手指往往会引发负面效应。在演讲中，使用这种手势的演讲者获得的观众支持率最低。

如果你在日常生活和工作中已经习惯了使用这种手势，那么最好尝试着改变自己的这一习惯，用其他正面手势来代替它。这样，你就会发现，在换用了其他正面手势之后，原来那种紧张的人际交往氛围就会得到缓解，而且他人对你的态度也会马上有较大的改观。

会议中解读人心

FBI特工发现人们在开会时候所做的动作，也能够代表其内心的真实的状态。

广泛而言，会议指讲座、报告、庆典、仪式等。

下面几种类型的表现可以典型地反映出一些人的内心活动特点。

1．发言时手的动作

（1）发言时指手画脚。

这些人对自己知道的事情，有一种急切的、迫不及待的发表欲望，他们希望把自己所谓的见识、意见和方案传播出去，而且希望得到别人的赞扬，有一种语不惊人誓不休的性格。

（2）发言时用手掩口。

这样的人多是为了掩饰自己对某个项目或议题的不成熟的看法，自己内心并没有十分坚定的定论，而且这样的人多半有些自卑和不自信。

还有一部分人是具有双重性格倾向的，也许是个人习惯，也许是在"积蓄力量"。

（3）发言时坐姿端庄，有必要的手势辅助。

> 发言时用手掩口。
> 这样的人多是为了掩饰自己对某个项目或议题的不成熟的看法，自己内心并没有十分坚定的定论。

这样的人性格稳重，做事谨慎，而且不矫揉造作，对自己所说的事情有十分坚定的信心，而且会坚持到底，不容易受到外界的干扰。特别是在强调某个观点的时候，他们会做出必要的手势。

2. 发言时其他身体语言特征

（1）头部语言。

生活中，人们爱用"摇头"或"点头"来表示对某一事物的"否定"或"肯定"。在会议中也有这样的摇头晃脑者，只不过这些人头部语言特征在会议中具有独特的含义。

有一些摇头晃脑者，尤其是摇头时紧抿嘴唇的女人，在会议出席者的眼中被认为是过分自信的人，甚至有点唯我独尊的专断。这种人在社交场合中一般也会突出表现自己。

（2）说话方式。

发言时声音洪亮的人，具有活泼明朗的性格，这样的人气场强，领导力及责任感兼具。相反，发言时声音低沉、有点做作的人，如果不是性格上气度小，就一定是善于谋略，而且这种人往往具有双重性格。

（3）说话节奏的快慢。

一个人发言时如果语速很快，表明其性格易冲动，对于无意义的事情、无关紧要的事情易唠叨不绝，一意孤行，不容易给别人回旋的余地。

而发言时语速慢的人，说话办事时，通常会考虑他人的感觉。

3. 听话者的表情

听话者的表情很关键。一个人的表情可以传达出很多真实的信息，在会议中，从聆听者的眼神就可以看出他对发言者的话题或方案是否感兴趣。

当你对别人说话时，如果对方的眼神表现出怀疑或困惑，不要生气，也不要产生反感，应该感到欣喜，因为他已经对你的发言产生了兴趣，可以理解为他边听边思考。

如果对方目不转睛地盯着某一个地方，比如说会议桌的一角，说明他对你的讲话有些漫不经心。

如果对方的眼神忽东忽西，说明他心不在焉或心有他想。

如果对方目不转睛地盯着一个地方，比如说会议桌的一角，说明他对你的讲话有些漫不经心。

如果对方的眼神忽东忽西，说明是心不在焉或心有他想。

◀ 读懂他人心理，占据主动地位

　　除了大量的谈资以及信息之外，如果我们想在交际场上占主导地位，就必须做到读懂对方的内心。

　　无论我们是坐在某个咖啡店与很久没见面的好友聊天，还是与合作伙伴就某一个项目郑重地商讨，抑或是请求某个人帮助自己，如果我们读不懂对方内心所想，就可能给人留下不通世事的感觉。如此一来，无论你在进行何种话题，都无法主动切中要害，使局面向着对自己有利的一面的发展。

　　如果你和一个人长期交往，那么肯定会逐渐熟悉这个人的性格、爱好以及思维模式，但是，在日常生活的许多情况下，都需要在初次见面的时候就迅速读懂对方。

　　一般情况下，人与人的交往都是先从了解对方的人品开始，刚开始的时候，也许连"你好""谢谢""再见"等词都不好意思说，慢慢发展到互相馈赠礼品，并允许其在自己的家中出入，再到后来建立更密切的关系，这整个过程都要经过细心的观察。

如果你和一个人长期交往，那么肯定会逐渐熟悉这个人的性格、爱好以及思维模式，但是，在日常生活的许多情况下，都需要在初次见面的时候就迅速读懂对方。

刘易斯是一家玩具公司的老板。在一次展销会上，刘易斯与一位制造商彼得聊天的时候，旁边的装饰椅稍有偏斜，刘易斯很早就看到了，认为并没有什么，而彼得看见这个装饰椅没有在它原来的位置上，显得很紧张，并且喊现场工作人员来把这把厚重的椅子挪回原位。可是工作人员很忙，没有人注意到紧张的彼得，彼得只好自己动手将其挪回了原位。

按理说，彼得并不是展销会的相关人员，只是过来参观展销会的人，然而彼得却是如此紧张，甚至还要"多管闲事"把椅子挪好。他的这个举动让人无法理解，而在一旁的刘易斯却通过彼得的这个举动迅速读懂了彼得，刘易斯知道了外界环境的不协调会让彼得陷入焦虑。

不久后，刘易斯的公司需要与彼得的制造厂合作，到了谈判的环节，与彼得有过一次交谈的刘易斯显得信心十足。

谈判地点是刘易斯的办公室，谈判人员就刘易斯和彼得两人，刘易斯事先把挂在自己办公室墙上的画弄倾斜了一点，然后把彼得的位置设在画的对面，等到彼得来到刘易斯的办公室谈判时，看到那幅画倾斜了一点，很快就陷入焦虑状态，而且又不便要求刘易斯把画摆正。由此，内心陷入焦虑烦躁的彼得想尽快结束谈判离开这间办公室，刘易斯在谈判中居于主导地位，并且最终以对自己有利的方案与彼得签订了合同。

可见"读心"在谈判桌上的威力，如果刘易斯没有读透彼得的性格，又怎会运用干扰彼得心理的办法来达到自己的目的呢？

> "读心"在交际场上发挥的巨大作用大致可概括为：迅速了解他人的性格特征，迅速赢得他人信任，轻松窥探对方内心，迅速打开他人心扉等。

"读心"在交际场上发挥的巨大作用大致可概括为：

迅速了解他人的性格特征，迅速赢得他人信任，轻松窥探对方内心，迅速打开他人心扉等。

当然，在社交场合中利用"读心术"构造和谐、融洽的沟通环境是无可非议的，但是像古代相士那样利用所谓"读心术"骗取他人钱财的行为是不可取的，因为"读心术"是为更好地沟通交往而服务的技巧，而不是骗取钱财的工具。

"攻心"与
心理博弈之道

第六章

你还在为不能准确猜透领导或客户的心理而苦恼么？你还在为自己在对手或下属面前缺乏掌控力而自卑么？

当你看到 FBI 特工总结出的超强"攻心"策略，你必定会很快忘掉苦恼、抛掉自卑、拨开迷雾。

◀ 如何"攻进"他人内心

> 世界上没有两片相同的树叶，更没有完全相同的两个人。每个人都是独一无二的，因而，对待不同的人也不能用同样的方法。

世界上没有两片相同的树叶，更没有完全相同的两个人。每个人都是独一无二的，因而，对待不同的人也不能用同样的方法。

人与人之间最明显的差别就是每个人的个人兴趣不同，既然如此，如果能有效利用这种差别的话，就会取得事半功倍的效果。

作为民主党党员的罗恩科在一次宴会中发现了很多自己不认识的共和党人，然而，这些共和党人却认识罗恩科。由于自己不认识这些共和党人士，罗恩科与他们之间也只是礼节性的应酬，在这场宴会结束之前，罗恩科想对在场的每个共和党人表示自己发自内心的好感。

罗恩科悄悄地凑到和他一起参加宴会的罗斯瓦特博耳边说："罗斯瓦特，你向我说说这些共和党人的大致情况。"

罗斯瓦特便简单地向他说了说罗恩科所面对的共和党人的情况。

紧接着，罗恩科就开始对这些陌生人进行"进攻"了。此时的罗恩科已经知道了对方的大致情况，了解了每个人的优势以及个人喜好，因而，罗恩科开始逐一和他们交谈，结果就不用说了，自然是博得了大家的好感与认同。

罗恩科之所以如此，关键在于他从罗斯瓦特那里得知了宴会上的共和党人的大致情况，因此在和这些人交谈的时候就能够准确地掌握谈话的尺度与分寸，博得谈话人的欢心是理所当然的了。

当然，这并不能算作"攻心"的开始，只能算是"攻心"的预热。

"攻心"开始了，罗恩科刻意让对方知道自己在打听他们的情况，并且一遍又一遍地半公开化地打听这些人的细节，如此一来，那些被打听的人认为罗恩科对他们有着浓厚的兴趣。通过这种策略，罗恩科让宴会上的每一个共和党人都对自己产生了好感。罗恩科这么做的目的，无非就是想让自己在日后的工作中不会遇到或者很少遇到因党派的不同而产生的阻力。

想要了解一个人，就必须先掌握与之有关的各种资料，例如这个人生活中的大事、小事，这个人曾说过、想过、做过的主要的事，这个人的习惯、嗜好以及他对某些问题的看法等，这就好像是攻打堡垒的时候，从外围着手，在攻入堡垒之前，先了解堡垒的周边环境，增加自己对堡垒的了解，当你要逐步接近堡垒时，才能做到游刃有余，准确地抓住对方所想，并轻松地得到自己想要的结果。

事实上，人际沟通的这座"堡垒"就是人们赖以生活、活动的个人空间，FBI人员将其称为"私人乐园"，这十分形象地说明了这个个人空间对他人来说的隐蔽性。

事实上，所有FBI特工都十分擅长运用这种心理策略。从心理学意义上来讲，这种心理策略为后面更大程度的相互影响奠定了基础。

想要了解一个人，就必须先掌握与之有关的各种资料，例如这个人生活中的大事、小事，这个人曾说过、想过、做过的主要的事，这个人的习惯、嗜好以及他对某些问题的看法等，这就好像是攻打堡垒的时候，从外围着手，在攻入堡垒之前，先了解堡垒的周边环境，增加自己对堡垒的了解，当你要逐步接近堡垒时，才能做到游刃有余，准确地抓住对方所想，并轻松地得到自己想要的结果。

事实上，人际沟通的这座"堡垒"就是人们赖以生活、活动的个人空间，FBI人员将其称为"私人乐园"，这十分形象地说明了这个个人空间对他人来说的隐蔽性。能够在人际交往中顺利地进入他人的"私人乐园"，是成功人士得以成功的重要原因。

美国钢铁公司总经理加利在刚刚就任的时候，便面临着一个很大的麻烦，那就是他的同事们对他并不太欢迎，更没有人支持他，因而，他的工作开展得很不顺利。

面对这种不利局面，加利对朋友抱怨，朋友告诉他，想要将工作顺利地进行下去，就必须改变这种状况，弄清楚他们为什么不欢迎你，然后再努力与他们交朋友，通过获得他们的认同来打破自己的困境。

那么，加利这个著名的工业领袖是用什么方法解决这个难题的呢？

加利开始经常在他给下属写的有关业务的信件中夹杂私人话题，有时候会写几句话谈谈收信人最感兴趣的事；有时候会在信件中谈及收信人的特殊才能；有时候会谈及收信人的家人和朋友；有时候会顺便提起他们上次见面的愉快情形，诸如此类。没过多久之后，大部分同事都开始认同加利了。

事实上，加利采用的这种让他人感觉到自己善意的方法是十分简单的，即关注他人，而这种简单的方法通常都会收到意想不到的效果。

曾经有一位与FBI有情报合作关系的年轻的商人十分不喜欢与其合作的FBI特工汉克，甚至连见他一面都不肯。然而，这对于情报工作是十分不利的，因此汉克便想办法让这位年轻的商人喜欢并认可自己。

在这位年轻的纽约商人威廉的眼中，汉克就像是联邦调查局最笨的笨蛋特工，与这样的笨蛋特工合作，真是浪费自己的情报资源，而且危及自己的安全。

然而，联邦调查局完全不接受甚至不理会年轻商人提出的更换合作者的要求，因而，有了情报他还得找汉克，所以他只好试着不对汉克吹毛求疵。

一次，威廉在一家小咖啡馆里见到了汉克。汉克当时身穿一身灰色的衣服，沉稳地坐在椅子上，旁边放着一杯水。

等到威廉刚一坐下，汉克便开始对这位对自己有所不满的人进行"进攻"，汉克滔滔不绝的话语让威廉无法插嘴，如果年轻商人没有注意听的话，他一定会对这个联邦调查局特工更为厌恶，然而，这次他并没有厌恶。

原来，威廉发现汉克从头到尾讲的都是与他有关的事：关于他的父亲。让威廉惊讶的是，汉克竟然知道他的父亲是一位民主党法官，甚至还知道他的父亲当时对政纲的意见。这让威廉感到不可思议。

就这样，这位原本很看不上眼前的联邦调查局特工的年轻商人，这个时候开始对汉克诚挚地说话了，最后讲得口干舌燥。而汉克这个时候只是淡淡地笑了笑，然后说了声"不错"。

几天之后，威廉给汉克递送了一份十分重要的情报，此后成为了汉克最为忠实的情报线人。

诚然，人的"攻心"策略的具体实施办法是多种多样的，不同的人常常会有不同的办法。既然是"攻心"，首先要通过各种方法"攻进"他人的心，否则一切都没有意义。

努力积极地了解他人，了解他人的周边情况，才能充分掌握他人的各项情况，当我们通过自己所掌握的情况出其不意地给他人一个惊喜的时候，就已经顺利地进入他的内心了。因此，人们应该对自己所掌握到的他人的信息善加利用，才能顺利完成自己的"攻心"策略。

> "攻心"，首先要通过各种方法"攻进"他人的心，否则一切都没有意义。
>
> 努力积极地了解他人，了解他人的周边情况，才能充分掌握他人的各项情况，当我们通过自己所掌握的情况出其不意地给他人一个惊喜的时候，就已经顺利地进入他的内心了。

通过身体语言，寻找"攻心策略"

"攻心"与解读身体语言一样，只要掌握并有效地运用所掌握的技巧，它就会逐渐变成属于自己的一种能力，如此一来，便可以让"攻心"技能帮助我们快速达到自身目的。

让我们先看看"攻心"技能最最基本技能要求：

1. 认识身体语言行为

身体语言是一种本能行为，有些身体语言具有普遍性，有些就需要再做分析。例如，当人有时紧闭双唇，这就说明他遇到了麻烦或是什么地方出现了问题。这个身体语言行为就叫作嘴唇按压，我们可以通过这个行为寻找"攻心"策略。

> 身体语言是一种本能行为，有些身体语言具有普遍性，有些就需要再做分析。例如，当人有时紧闭双唇，这就说明他遇到了麻烦或是什么地方出现了问题。这个身体语言行为就叫作嘴唇按压，我们可以通过这个行为寻找"攻心"策略。

2．解密特定的身体语言

如果说普遍的身体语言行为是一种适用于每个人的基本线索，那么特定身体语言就是身体另外一种语言线索，它是一种专属于某一个体的相对比较独特的信号。

解读这些特定的身体语言，对掌握他人心理来说十分重要。

史密斯以自己的解读经验告诉人们，要想识别这些特异信号必须仔细观察周围人的行为方式。例如，当你发现自己十几岁的儿子在参加考试前有挠头或咬嘴唇的举动时，你应该知道他可能十分紧张或没有准备充分。也就是说，他的挠头或咬嘴唇的动作是他用来缓解压力的特有动作，而在这之后他很有可能一遍遍地重复这种动作，那是因为他心烦意乱。通过特定的身体语言可以判断其心理状态并加以应对。

3．观察要细之再细

这一点对于想要掌握"攻心"技巧的人来说十分重要，无论在任何时间、任何地点、任何情况下，只要想运用"攻心"策略，那么就要做到认真听、仔细看，如果连倾听和观察都做不到，更别说"攻心"了。

无论在任何时间、任何地点、任何情况下，只要想运用"攻心"策略，那么就要做到认真听、仔细看，如果连倾听和观察都做不到，更别说"攻心"了。

◀ 真诚交往，赢得信任

　　乔克在做FBI特工之前是《妇女家庭杂志》的一名编辑，他在做编辑时就已经懂得了"攻心"的技巧，这为他以后的出色的特工工作打下了坚实的基础。

　　乔克刚刚参与编辑工作时，工作成绩并不理想，原因就是其社交圈子很窄，对于那些能够对自己的工作产生有利影响的社会名流们，乔克更是不认识。为了能够让自己的工作有所起色，乔克想到了一个在短时间内认识许多社会名流的办法，那就是写信。

　　他给当时能够联系到的每一位社会名流都写了一封信，其中包括政界、军界、商界的大腕，由此，乔克这个不知名的小编辑一下子被多位社会名流所熟知。

由于有了许多名流朋友，乔克在《妇女家庭杂志》中的编辑工作顺畅了许多，他能够轻松地向那些名流约稿，并且在最短的时间内完成自己想要完成的约稿任务。由于这些社会名流纷纷向《妇女家庭杂志》投稿，使得原本就较为火爆的《妇女家庭杂志》身价倍增，一路看涨，销量得到又一步提升。

当然，"攻心"手段有很多，而乔克所运用的，是使对方心悦诚服的办法。

在写信的过程中，乔克首先核实了一下有关这些社会名流人物传记中的一些事情，避免自己误写无中生有的内容，避免节外生枝，对于有些不太确定的事情，乔克便询问当事人，比如说，他以孩子般的真诚直接写信去问当时的某位将军，问他小的时候是否真像传记中所写的那样生活在贫苦家庭中，甚至还直接问他是否真的做过纤夫。同时，他还诚挚地说明自己写这封信的原因，没过多久，这位将军回信了，他在信中以客气的口吻详细地回答了乔克提出的问题，乔克在这位将军的回信中受到了不少鼓舞。

就这样，乔克通过书信与名流们建立起关系，甚至还有几位商界的大腕在收到乔克的信件之后，热情地邀请乔克到家中做客，更别说为乔克写一篇文章了。

所以，要想打动他人，首先应该

> 要想打动他人，首先应该赢得他人的注意，并且牢牢抓住赢得他人注意的机会。

赢得他人的注意，并且牢牢抓住赢得他人注意的机会。

被誉为"世界商业骄子"的卡内基能够在事业陷入生死存亡的关头奇迹般地扭转溃败的局面，也是因为在关键时刻，他成功地运用了"攻心"策略。

当时的卡内基正眼睁睁地看着一笔规模很大的铁路桥梁工程的生意就要被竞争对手抢去，而自己关注了很久的这份巨额合同也要与自己失之交臂了。卡内基想尽办法让桥梁建筑公司的决策层改变主意，然而没有人理睬卡内基，在这种情势下，卡内基决定进行"攻心"。

然而，从何处入手呢？卡内基陷入了沉思，一天，卡内基灵光一闪，找到了一个突破点，并立即开始了他的行动。

原来，当时的人们对铁材的了解并不透彻，对于熟铁好于生铁这个重要事实并不了解，卡内基决定以此为突破口。当然，这一点并不是卡内基突然想到的，而是在卡内基手足无措的时候一件意外的事给他的启示：有一桥梁建筑公司的管理人员在暗夜中驾驶着马车无意中撞到了一根灯柱，灯柱瞬时弯折，路灯掉了下来，驾驶马车的人当场毙命。当时的人们抱怨路灯毫无安全性，而卡内基则从灯柱的角度想到了生铁与熟铁的差别。

卡内基即刻表示，如果灯柱是熟铁做的，那么就不会发生惨剧。因此，桥梁建筑公司的决策层在已经准备接受其他公司标价的关键时刻改变了想法，而卡内基也在很短的时间内从竞争对手那里抢过了这笔大生意。

　　卡内基这种制造舆论的方法实际上是一种"攻心策略"，那就是寻找让自己脱颖而出的机会，最终达成自己的目标。

　　卡内基这种制造舆论的方法实际上是一种"攻心策略"，那就是寻找让自己脱颖而出的机会，最终达成自己的目标。

看破不说破

> 所谓看破不说破，就是不要将自己的真实想法表露在他人面前，确切地说，不要让"攻心"的目标人物知道自己内心的真实想法。

所谓看破不说破，就是不要将自己的真实想法表露在他人面前，确切地说，不要让"攻心"的目标人物知道自己内心的真实想法，事实上，这也属于"攻心"策略的一种。

当然，完全不对对方表明看法也是不太可能的。FBI特工认为，在隐藏自己真实想法时，不妨先试试对其施放"烟雾弹"，这样能够收到更好的效果。

麦克斯利先生经营着一家汽车制造厂。有一天，一个名叫费林特的年轻人到他的工厂里去找他，想要卖给麦克斯利一块地皮。

麦克斯利当时穿着一双较为破旧的靴子斜倚在办公室的沙发上，费林特一个劲地向他诉说自己想要卖掉的那块地皮的好处。麦克斯利听得比较仔细，费林特一边说一边观察麦克斯利的神情，他并没有在这个汽车厂老板的脸上看出自己的推销是否会成功。

按照常理，费林特如此卖命地推销，而麦克斯利也的确需要一块地皮用以扩大经营规模，他们应该很快就能谈成这笔生意。然而，面对费林特的推销，麦克斯利却表现出了不置可否的态度，这让费林特摸不着头脑。

当然，麦克斯利并不是完全没有表示他对地皮有兴趣，只是他没有直接回答费林特，却将办公桌上的织状物递给费林特看，麦克斯利问费林特："你知道这是什么吗？"

费林特看着桌上的东西摇摇头。麦克斯利便开始详细地给他解释，对他说这是一种新发明的材料，麦克斯利想用这种材料做新款型汽车的骨架。

随后，麦克斯利又给费林特介绍了这种材料的来历，说它有什么样的好处，关于这个新材料的情况，麦克斯利与费林特谈了一个小时。他还给费林特详细谈了自己准备对来年的汽车生产改革以及新样式、新款型汽车的具体计划。

虽然费林特听得饶有兴味，可是他并不知道麦克斯利为什么会给他这个普普通通的地产推销员说这些，即使如此，费林特依然很高兴，他感到了一种自己被汽车制造厂老板重视的感觉。

正当费林特为麦克斯利与他大谈特谈汽车厂的计划而感到高兴的时候，麦克斯利突然停止了这一话题，并且明确表示自己对费林特推销的那块地不感兴趣，不等费林特说什么，麦克斯利便亲自将他送出了门。当然，费林特并没有因此感到不高兴，即使麦克斯利不想买那块地，即使自己被麦克斯利直接地回绝了。

而麦克斯利认为自己的方法十分巧妙，他首先将自己的计划全部告诉了费林特，先让费林特感到高兴。事实上，他这么做就是在给费林特放烟雾弹，让费林特感觉到自己受重视的同时还从中看到希望，以为麦克斯利既然有这种生产计划，就一定需要大量的地皮，即使现在表明对自己的地皮不感兴趣，以后还是有机会。

而费林特在麦克斯利送他出去的时候，并没有像其他地产推销员那样死缠烂打，而是高兴地离开。麦克斯利实际上早就做好了决定，无论是否决定购买费林特的地皮，都要控制住费林特的心理，如果他决定不购买，这么做能够让自己迅速摆脱费林特的纠缠，而且不会让费林特知道汽车制造厂具体的经营状况；如果他决定买，可以让费林特为自己所用，让费林特卖的那块地价值最大化。因此，麦克斯利这种做法巧妙地将自己的真实想法掩盖于自己的言行之下。

如果一个人不懂得在必要的时候将自己真实的想法隐藏起

来，那么在激烈的竞争环境下，很难从心理层面控制住竞争对手，相反，自身心理很容易被对方影响并控制。所以，在实施"攻心"策略的时候，首先控制住自己的情感是非常重要的，看破不说破，不把真实意图表露出来，才能增加控制对手的机会，才能增加驾驭对手心理的机会。

> 在实施"攻心"策略的时候，首先控制住自己的情感是非常重要的，看破不说破，不把真实意图表露出来，才能增加控制对手的机会，才能增加驾驭对手心理的机会。

有许多成功人士都曾运用或正在运用"攻心"策略来在可能的范围内赢得好感，他们不到关键时刻，绝对不会将自己的真正想法表露出来，比如林肯、本杰明那样出色的政治家，再比如凡登比特那样的大实业家。林肯在面对一些很难回答的问题或者对方提出的问题不能很快得到解决的时候，他就会说些其他敏感的事情或是讲些与此话题无关紧要的事。

凡登比特从来都不会拒绝记者的采访，但是采访过他的记者都会发现，虽然他十分喜欢与记者聊天，甚至总会聊到忘记时间，但是记者从他那里却也得不到实质性的东西，在他们看来，与凡登比特聊天本身就是一种享受。而凡登比特也一直给采访他的记者放"烟雾弹"或是说些似是而非的话语。

总之，擅长运用"攻心策略"会使自己更容易达到自己的目的。

在一次有关西雅图少女连环奸杀案的新闻发布会中，面对媒体无休止的发问，FBI特工莱德只是坐在那里一言不发。过了一会儿，他竟然在发布会上点着了一根雪茄旁若无人地抽着，在场的记者立即将重点放在了莱德抽雪茄的问题上，从而大大减少对案情本身的问题的发问。

当时FBI特工已经将凶手抓获，但是凶手的律师团队十分强大，他们会在任何场合任何方面寻找对凶手有利的说辞，因而，为了保证凶手能够得到严惩，负责新闻发布会的莱德无法详细回答记者的问题。然而为了保障公众的知情权，莱德又必须通报出必要的信息，在这样既不能掩盖事实而又不能让凶手的律师得到可乘之机的情况下，莱德为了掩藏自己的真实想法，选择了用抽烟这一举动来转移记者以及大众的注意力。

联邦调查局情报科负责人对莱德的举动表示十分满意，他认为莱德运用心理策略十分恰当地处理了此事。

> 在某些特定的场合，人们必须注意自己的言行，尽量少发表言论，有时不但要少发表言论，还要努力让自己镇定，即使是佯装镇定，因为镇定地听别人讲话也是一种"攻心"策略。

在某些特定的场合，人们必须注意自己的言行，尽量少发表言论，有时不但要少发表言论，还要努力让自己镇定，即使是佯装镇定，因为镇定地听别人讲话也是一种"攻心"策略。

试想一下，当你与他人说话的时候，始终保持着悠闲淡定的神色，无论对方以怎样的心态给你说怎样的事情，首先不淡定的必定会是对方。所以说，谈话的时候保持镇定或者佯装镇定，也是一种"攻心"策略。

联邦调查局通讯分析员凯尔利与自己的领导泰克就通讯组长更换人选的问题探讨了很长时间，然而，凯尔利真正明白泰克的用意却是在几年之后。

当时，联邦调查局通讯分析员内部的间谍刚刚被捕，通讯组长特斯恩面临着行政处罚，压力很大。由于事关重大，通讯分析员都被联邦调查局反谍组调查，其中包括凯尔利。

例行调查结束之后，凯尔利被泰克叫到办公室中，当时办公室中还有几位其他的通讯分析员，泰克与他们谈关于组长特斯恩的事情，凯尔利聊了一会儿之后，就想离开，泰克却打发走了其余的人，单独把凯尔利留了下来，并且带他到另外一个存放机要文件的小办公室中。

凯尔利突然感觉到不安，难道泰克也怀疑自己是间谍？凯尔利跟着泰克走到小办公室的办公桌前，泰克随手从桌上拿起一本书，然后随意地坐在桌子上，跷起腿，津津有味地读起书中的内容。凯尔利对泰克的行为感到不解，很快，凯尔利发现泰克读的是类似轻喜剧的小故事并笑了起来，于是之前的不安与紧张也慢慢消除。

泰克见凯尔利笑了起来，便放下手中的书问他："你对特斯恩组长的事情到底怎么看？"

随后，凯尔利轻松地向泰克诉说了自己对这件事情的看法，如此一来，泰克也知道了凯尔利对间谍事件以及间谍事件与每一份通讯分析员和组长特斯恩之间的联系。当时的凯尔利并不知道，泰克的办公桌上摆满了美国大小情报机关寄来的对通讯组长进行行政处罚并继续调查的意见函。也就是说，泰克并没有直接让凯尔利表达对间谍事件的看法，而是在凯尔利不知不觉中得知了所有自己想要得知的信息。

纽约中央铁路局前任经理克伦斯特曾经说过："要努力让自己的行为使人获得自在的感觉，这样一来，自己就能从别人那里获得更多的消息。"

隐藏自己真实的意图，看破不说破，乍一听似乎很难实现，事实上，想要做到这一点并非难事。

> "攻心"策略的精髓在于彻底掩饰自己的想法，通常情况下，单刀直入是不会得到答案的。如果你愿意尝试着对对方的事业或者他所重视的事情表示关心的话，那么你就能得到自己想要的东西。

美国著名金融家维特摩尔曾说过："'攻心'策略的精髓在于彻底掩饰自己的想法，通常情况下，单刀直入是不会得到答案的。如果你愿意尝试着对对方的事业或者他所重视的事情表示关心的话，那么你就能得到自己想要的东西。"

通过这种"攻心"策略而获得成功的人，都懂得巧妙地掩饰自己对某一信息的需要。他们通常能够做到随意提起几个人的名字或是用几句简单的话引出对方说话的兴致，然后便静静地倾听，在不知不觉中得到自己想要得到的消息。

"攻心"策略能够让我们看起来并不是那么关注某一件事情，有些时候，我们总是过度关心自己想要知道的事情，这样非但不会成功，还有可能让对方看出自己的意图而产生比失败还要糟糕的后果。

掩盖自己真实意图的"攻心"策略有一个十分重要的前提，那就是保守对方所不能知道的信息。保守秘密本身，也可以作为一个"攻心"手段。

纽约联邦同盟俱乐部曾经探讨过一个青年职业问题，FBI特工斯特莱克以俱乐部成员的身份参与了此次讨论并记录了他们的谈话，这次讨论是以某人提出的"能够成就伟业的人为什么特别少"而展开的。俱乐部成员很快便在讨论中形成了持有不同观点的几个小组并进行激烈辩论，辩论持续了很长时间。辩论结束后，大家所达成的共识竟然是：能够成就伟业的青年人很少的原因在于青年人很难保守不能让他人知道的信息。

> 能够成就伟业的青年人很少的原因在于青年人很难保守不能让他人知道的信息。

在讨论中，有人讲了这样一件事：曾经有一位年轻人受人之托去经营某事，并被告知此事不能让任何人知道，然而，这个人认为自己终于有做事业的机会了，在路上就泄露了此事，结果是，这件事让他办砸了，而他的前程也就此断送了。

斯特莱克听后当即表示，不能保守秘密的人是干不成大事的。

事实上，如果连保守秘密或者是保护重要信息这一点都做不到的话，就更不可能对他人实施"攻心"策略了。

◀ 巧妙处理不同的意见

洛杉矶电话公司的梅尔森是一个懂得使用"攻心"策略的人，他凭借着这个优势很快成为了洛杉矶电话公司总裁。

曾有一个老人怒火朝天地站在洛杉矶电话公司的柜台之前，当时还只是洛杉矶电话公司的普通调查员的梅尔森就站在老人的对面，他只是静静地站在那里听着老人的抱怨，不说话。随后，梅尔森行动了。

事情是这样的，这个对着梅尔森发火的老人是一家旅馆的主人，他曾经给这家电话公司写过一封投诉信，表示对电话公司的服务不满，措辞十分严厉。没过几天，这位老人亲自来到洛杉矶电话公司表达自己对该公司服务态度的不满，因而，公司指派梅尔森调查并解决这个棘手的问题。

老人得知梅尔森是电话公司的调查员，脸色瞬时阴沉起来。

紧接着，老人开始对着梅尔森抱怨，而梅尔森的任务就是让老人的怒火归于平静。梅尔森选择先闭上自己的嘴，让这位老人痛痛快快地说下去，而自己则站在一旁静静地听。

等到老人说完了所有的话之后，梅尔森总结出老人埋怨的主要是电话公司的服务态度。于是，梅尔森诚恳地向老人道歉，然后又说了几句好听的话，说完之后，老人很快就平静了下来，随后拍拍梅尔森的肩膀说："小伙子，我很讨厌你们这个电话公司，可是，你说的话挺有道理的，我不为难你了，希望你们今后能够做好！"

梅尔森说："谢谢你对我的信任，但是，如果您不表示已经满意电话公司的话，我肯定是无法继续在这个公司工作了。"

老人说："好的，年轻人，我答应你，我以后再也不会给你们公司写投诉信了，有什么事情我会直接找你说。"

后来，这位旅馆老板真的再也没有给洛杉矶电话公司写投诉信，并且很少找梅尔森提意见。

经过此事，梅尔森学会了一个策略，那就是当一个人对你发怒的时候，那就尽量让他先发泄自己的愤怒，让他把自己想要说的话说完，把想要发泄的怨恨全部发泄掉。

> 当一个人对你发怒的时候，那就尽量让他一个人发泄自己的愤怒，让他把自己想要说的话说完，把想要发泄的怨恨全部发泄掉。

事实上，在生活中有许多人都会将自己的愤怒无限夸大。当自己受到委屈之后，人们总会出现一些幻觉，他们愤怒的缘由并不是他们的自尊心受到了伤害或是真的受到了委屈，而是想用自己的愤怒来为自己争取"面子"。

所以说，面对无端愤怒抱怨的人，我们静静地听他说，让他说个够，以此向他表示我们愿意了解他，只有这样才能够让他平静下来。

在现实生活中，几乎没有人愿意轻易认错。所以，想要他人承认自己错了，就必须使用让他能够认错的策略。人的"自尊心"都是很强的，一开始就让他们知道自己的做法是错误的，那么，在自尊心的驱使下，他们会很顽固地坚持自己的观点。这看似牢不可摧的坚持只要遇见他人赞同和尊敬的态度，他们就会很快遵从他人的意见。

这个时候，我们唯一能够选择的策略就是耐心地听完对方的抱怨。

面对有不同意见的人，"攻心"策略应是遇弱则弱，遇强则强，越是针对于顽固的人，效果越明显。

面对有不同意见的人，"攻心"策略应是遇弱则弱，遇强则强，越是针对于顽固的人，效果越明显。

当他人与我们有不同想法或是反对我们的时候，我们应该在第一时间让他说出他的反对意见，如此一来，我们就能及早地了解到对方的真实意图，从而寻找应对办法。

史密斯在工作中经常会使用这种应对他人反对意见的"攻心"策略。他会在一些十分紧迫的时刻或场合仍坚持让对方有机会表达出自己的想法，当他要强行实施某个缉捕计划而不惜与搭档决裂的时候，他也总能让搭档详细地表达完自己的看法，然后想办法应对，结果通常会是某位搭档在即将与他中断合作的时候又重新与他计划行动，并且完全遵循他的意见；当他要他顶住所有反对的声音召集所有下属，警告他们如果再不改正就马上开除他们的时候，总会主动让他们说出各自的意见与不满。

史密斯的做法是人们在必须与反对意见争个高低的时候的最为明智的选择，所以，当我们想要将反对的声音消失，或让我们即将中断的合作继续下去，我们要做的就是：找出不同的声音，想办法说服他们，而后继续我们自己的计划。

纽约电气事业的"沙皇"菲德舒兹曾说过自己是如何对付员工们的愤怒和诉苦的，作为官方的劳工纠纷仲裁员，菲德舒兹巧妙地运用了"攻心"策略。

在调节一次纠纷时，菲德舒兹将争执的双方召集起来，他很快发现，双方都很渴望得到他人的同情。于是他并没有说哪方是正确的，因为这只会增加双方矛盾，并且不利于纠纷的解决。他首先诚恳地表示自己听完双方意见之后，认为双方的话都是有倾听价值的，如此一来，双方都感觉到自己的处境受到了他人的同情，于是很快表示愿意私下理性协商。

当我们面对反对意见的时候，这一"攻心"策略是一个不错的选择。

◀ 让步反对意见

　　FBI心理分析报告称，能够对反对意见作出让步的人比坚守己见的人更容易获得成功。其实，问题的关键不在于对反对意见的态度，而在于是否懂得运用让步于反对意见的"攻心"策略。

> 面对反对意见的时候尽可能地做出让步，这个行为本身就影响着对方的心理，让对方认为自己获得了重视，从而顺利达到我们的目的。

　　在某些必要情况下，面对反对意见的时候尽可能地做出让步，这个行为本身就影响着对方的心理，让对方认为自己获得了重视，从而顺利达到我们的目的。我们应该在发生争执的时候，问问自己：如果自己在某一方面做出让步，是否会有利于整个事件的顺利进行呢？

　　一般情况下，他人与我们争执某个问题，是因为他们认为这个问题十分重要，这其实是一种"自尊心"想要得到满足的表现。

美国一家电气公司董事会主席雷德帕斯的手下的一名年轻员工对雷德帕斯十分不满，原因是这位年轻员工曾十分出色地完成过一次工作，这次工作给公司带来了很大的利益，然而他感到自己并没有受到更多的信任和重视。

当雷德帕斯的助手将此事反映给他的时候，他只是给那个年轻的职员写了一封信，信中写道："事实上，我们在年轻的时候总认为他人没有认同自己的工作，曾经的我也和你一样，总觉得老板对我不够信任，那么，如果需要的话，我可以为此向你致歉。"

这位年轻职员接信后十分感动，从此之后认真诚恳地对待工作，直到雷德帕斯退休之前，这位年轻职员已经坐到了这个电气公司的经理高级助理的位置。

美国著名的企业顾问查特斯也曾运用这个"攻心"策略处理了一件十分棘手的事情。

当时，查特斯想要邀请伦敦著名的奥斯特夫人参加某大型宾馆的奠基典礼，奥斯特夫人回绝说："查特斯先生，非常抱歉，我不能答应你的邀请，因为你邀请我的目的是为这家宾馆做广告，这种事情我是不会做的。"

查特斯并没有立刻为自己辩解，反而十分直接地回答奥斯特夫人："你说得对极了。"

奥斯特夫人十分吃惊，紧接着，查特斯又说："虽然如此，难道你没有收获么？你可以通过这个典礼提高自己的知名度啊！"

随后，查特斯给奥斯特夫人详细地介绍了典礼的细节，他告诉奥斯特夫人典礼的情况会通过收音机向全国广播，并且他保证奥斯特夫人不用做任何演说，紧接着，他又表达了自己的诚意，结果，原本不愿意做广告的奥斯特夫人很愉快地答应了查特斯的邀请。

查特斯的方法之所以能够产生作用，主要是因为他在第一时间向奥斯特夫人坦白承认了其拒绝邀请的理由。另外，他积极做出了让步，同时又满足了奥斯特夫人的意愿，最终达成了自己的目的，这看似简单的交往其实包含了一个重要的心理策略。